工学部ヒラノ教授のラストメッセージ

今野浩
Hiroshi Konno

青土社

工学部ヒラノ教授のラストメッセージ　目次

工学部ヒラノ教授のラストメッセージ

1　万年助教授

「工学部ヒラノ教授」こと平野良則は、三三歳の時に、常磐線の土浦駅から一〇キロ離れた松林の中に建設された筑波大学に、一般教育・情報処理担当助教授として採用された。

この大学のセールスポイントは、教員組織（学系）と学生組織（学類）を切り離すことによって、一般教員は研究と教育に集中できるはずの〝新構想大学〟だった。

赴任当初の平野助教授は、〝三〇代のうちに赫々たる研究業績を挙げて一流の研究者になり、四〇代のあまり遅くならないうちに教授になりたい〟と考えていた。

ところが四〇歳の大台を迎えるころには、毎学期六コマ（一コマ七五分）の講義と二コマのゼミ、月に一〇回以上の会議、そして切れ目なく降ってくる雑用に追いまくられる、〝教育・雑用マシーン〟になってしまった。

この状態から抜け出すためには、一日も早く教授になる必要がある。教授になれば、やむを得ず引き受けている講義や雑用を減らして、より多くの時間を研究に充てることができるからである。しかし、これは表向きの理由であって、教授になりたい本当の理由は別のところにあった。

高校時代の平野青年は、「お父さんは、おまえが中学に入る前に教授になったのよ」という母の言葉を信じていた。ところが大学院に進学して間もなく、学科の図書室で『文部省職員録』という冊子を手に取った平野青年は、間もなく五六歳になる父がまだ助教授であることを知って、足元を突き崩されるようなショックを受けた。

還暦間近の助教授が、どれほど惨めな存在であるかを知っていたからである。東大の本郷キャンパスを一人とぼとぼ歩く大倉助教授は、学生には〝万年助教授〟と嘲笑され、同僚たちから腫物扱いされていた。

大倉助教授は、海外研修の期間延長をめぐって、学科に大きな迷惑をかけたため、なかなか教授にしてもらえなかったのである。この人は五五～六歳で教授に昇進したものの、これといった業績を上げることなく、六〇歳で定年を迎えた。

国立大学の工学部では、大半の助教授は五〇代に入る前に教授に昇進する。教授になれば研究・教育に邁進するのも自由、学内行政に精進して学部長を目指すのも自由、社会貢献活動と称してアルバイトに精を出すのも自由である。つまり大学という組織では、教授はオールマイティーの王様なのである。

一方の助教授は、王様に仕える家臣のようなものである。ノーベル賞を受賞した山中伸弥教授のように、有能で人柄がいい教授ならハッピーだが、山崎豊子の『白い巨塔』に登場する財前五郎のようなパワハラ教授に当たったら、目も当てられない。

平野青年は、不運が重なったために、六五歳で定年を迎えるまで助教授に据え置かれた父と、息子に嘘をついた母の胸の内を思って、眠れない夜を過ごした。

それだけではない。病身の義母は、「私の目が黒いうちに教授になってちょうだいね」と平野助教授にプレッシャーをかけた。千葉大学医学部の助教授を務めていたときに、軍医として召集され、フィリピンで戦死した夫の無念を晴らしてほしいというのである。

このようなわけで、平野助教授は筑波大に採用されたその日から、なるべく早く教授になりたいと思っていたのである。

伝統ある大学では、教員の採用は年齢構成を勘案して行われる。たとえば、教授が五〇歳であれば、その講座の助教授は三〇代半ば、五五歳であれば四〇代初めというように。だから助教授は、不祥事を起こさない限り、いつ頃自分が教授になれるか見当がつく。ところが平野助教授は、いつになったら教授にしてもらえるか、全く分からないのである。なぜこのようなことになったのか。

新設された電子・情報工学系（教員組織としての計算機科学学科）では、三〜四年の間に三〇人余りの教員を集める必要があった。ところが当初予定していた教授候補の多くが、筑波の住環境と研究環境の悪さに嫌気がさして、就任を辞退してしまった。この結果、来てくれる人なら誰でもウェルカムという状況が生まれた。

意気揚々と乗り込んできたのは、各地の大学で冷や飯を食わされていた、問題含みの〝オレさま〟教授だった。しかも彼らのほとんどは四〇代だから、一五年以上この大学に居座る。したがって、数年後に二人の高齢教授が定年退職する機会を逃せば、五〇代半ばまで教授になれないのである。

講座制を廃止したこの大学では、一五人の助教授はすべて横並びである。教授ポストが空いたときに誰を昇進させるかは、一五人の教授の合議によって決まる。一人でも強く反対する教授がいれば、昇進はおぼつかない。

平野助教授を悩ませる深刻な事実は、一般教育のほかに専門教育を担当させられているにもかかわらず、本籍が依然として一般教育担当教員だったことである。一般教育には教授ポストは二つしかない。四〇代半ばの二人の教授は、定年になるまで絶対に辞めないから、一般教育ポストから抜け出さない限り、五八歳まで教授になれないのである。

五八歳まで〝雑用・教育マシーン〟として過ごせば、大倉助教授のような干物になる。干物になった万年助教授は、教授になっても鮮魚には戻らない。しかも五年後には定年を迎える。そうならないためには、まずは専門教育担当ポストにコンバートしてもらう必要がある。

そこで平野助教授は、学系長や学類長に頼まれた仕事は何でも引き受けた。専門教育担当ポストにコンバートしてもらい、数年後に空くはずの教授ポストを手に入れようと考えたのである。雑用・教育マシーンになったのはこのためである。

ところが、この作戦は裏目に出た。大学時代の先輩である白貝教授が、文部省から天下った山中教授と結託して、平野助教授の一般教育飼い殺し作戦を発動したのである。情報学類（教育組織としての計算機科学科）が物理帝国軍の侵略を受けた際に、白貝教授の意向に逆らって、〝七人の教員ポストを割譲し、カリキュラムを変更する〟という屈辱的な和平案に反対したことに対する報復措置である（このあたりのことは『工学部ヒラノ助教授の敗戦』（青土社、二〇一二）で詳しく紹介した）。

物理帝国の回し者である第三学群（工学部）長。戦意を失った病気がちの学類長。右に左に揺れ動く学系長。パワハラ全開の先輩教授。パワハラ教授と結託する策略家教授。そして外野も敵だらけである。

なるべく早くここから脱出しないと、自分もいずれ彼らのようになってしまう。パワハラ、アカハラは伝染性の疫病だからである。

ではよその、できれば筑波大より格が上の大学に招いてもらうための条件は何か。一は研究業績、二は毛並み、三はコネである（一と二は順序が逆だという説もある）。

一流の研究者として認知されるためには、毎年コンスタントに二編以上のレフェリー付き論文を発表しなくてはならない。東京工業大学の経営システム工学科では、助教授になるためには一〇編以上、教授になるためには二〇編以上のレフェリー付き論文を書いていること、という内規があった。これまで八編しか書いていない平野助教授は、この学科では助教授にすらしてもらえないのである。

毛並みとは、一流大学の有力教授とつながりがあることである。数理工学と計算機科学の大御所である森口繁一東大教授の門下生で、スタンフォード大学のジョージ・ダンツィク教授の下で博士号を取った平野助教授は、毛並みとコネの条件は満たしているが、研究業績に難があるから、一流どころからは声がかからないだろう。

万年助教授になることを恐れながらも、平野助教授は他大学の教員公募に応募する気にはなれなかった。業績面で自信がなかったこともさることながら、公募とは形式的なものであって、実際にははじめから候補が決まっているケースがほとんどだからである。

半年前に四一歳になった平野助教授の〝万年助教授恐怖症〟は、経済学部に勤める二人の親しい友人が、早々と教授に昇進したことによって亢進した。

この頃の平野助教授は、これ以外にもいくつかの問題を抱えていた。最大の問題は、高校二年生の長男が、東京の大学を受験したいと言っていることである。お膝元の筑波大であれば、自宅から通学することが出来る。しかし息子は、もっと格が上の大学を目指したいという。親としては息子の希望をかなえてやりたい。しかし兄が東京の大学に入れば、三つ歳下の娘も東京に行きたいと言うだろう。

今であれば「つくばエクスプレス」を利用すれば、一時間少々で秋葉原に出ることが出来るが、この当時は上野までたっぷり二時間かかったから、自宅通学は不可能である。二人分の学費と生活費を合わせると、国立大学でも年間三〇〇万円以上かかる。給料の半分近くを持っていかれると、生活が窮屈になる。

もうダメかもしれないと思っていたところに、東京工業大学（東工大）の吉田夏彦教授から電話がかかってきた。この人は、四年ほど前から筑波大が毎年一回主催する「筑波国際会議」で、企画委員長をお願いしている文理両道の大哲学者である。

「もしもし、平野さんですか。東工大の吉田ですが、来年四月から東工大に移っていただくことは可能でしょうか。昨日の人事委員会で、あなたを統計学担当助教授としてお招きしたい、ということになったのです」

半年ほど前のこと、筑波国際会議の打ち上げパーティーの席で、吉田教授から東工大の一般教育組織である「人文・社会群」への移籍をサウンドされたことがあった。

人文・社会群には、吉田教授のほかにも文系の大物教授が揃っていた。古くは永井道雄（教育学、のちの文部大臣）、宮城音弥（心理学）、川喜田二郎（文化人類学）教授など。またこのころも、永井陽之助（国際政治学）、江藤淳（文学）、吉田夏彦（哲学）、前原昭二（論理学）教授などの大物が在籍していた。一般教育組織とは言いながら、ここは別格の存在なのである。

招いていただければ有難いと言ってはみたが、吉田教授の言葉は酒の席でのリップサービスだと思っていた。理工系の研究者が、文系の一般教育組織に招かれることはありえないからである。ところが統計学は、先代の助教授も先々代の助教授も、工学部出身者だった。統計学は理工系と文系にまたがる分野なのである。

アメリカ留学時代に、オペレーションズ・リサーチ（OR）の博士号を取るついでに、副専攻として四五単位の統計科目を履修したおかげで、統計学の修士号を頂戴した平野助教授は、一般教育としての統計学であれば教えられる自信があった。

「ありがとうございます。統計学なら私でも務まると思いますので、喜んでお受けしたいと思います」

「担当科目は、統計学のほかには、一年生向けの「総合講義A」と、三、四年生向けの「総合講義B」の二科目です。この科目については、各自お好きなテーマを選んでいただくことになっています」

「それで全部でしょうか」

〝三科目なら現在の半分以下だ!!〟。

「そうです。それでは、主任の道家教授をご紹介しますので、来週土曜日の午後に、渋谷の東急文化会館でお目にかかれないでしょうか」

「はい、わかりました」

「それではその時に、履歴書と研究業績一覧をお持ちください」

平野助教授にとって、関東地区では東大に次ぐ理工系大学である東工大への移籍は、〝一般教育担当であることを除けば〟これ以上望めない話だった。

国立大学における一般教育担当教員は、低学年向けの教養科目を担当する〝二級市民〟である。給料は専門教育担当教員とほとんど同じであるが、国から支給される研究費は三分の一以下である。また実験室はないし、大学院教育を担当することもできない。

文部省本省から進駐してきた筑波大の特高事務官は、赴任したばかりの平野助教授に向かってレクチャーした。

「一般教育担当教員の任務は教育であって、研究は個人の趣味のようなものですから、研究費が専門教育担当教員の五分の一でも仕方がないのです。むしろ、ゼロでないのはラッキーだと思ってください」と。

このような差がある原因は、一般教育担当グループは、戦後間もなく新制大学が設立されたときに、高等師範や旧制高等学校から移籍した教員の集まりだったからである。どちらも教育機関であって研究機関ではない。したがって、新制大学発足当時の一般教育担当教員の大半は、研究者ではなく教育者だった。

専門教育を担当する旧制大学グループは、一般教育を担当する教員グループを〝パンキョウ〟と呼んで蔑視していた。そして、時が移りスタッフが入れ替わったあとも、一般教育担当教員は専門教育担当教員から低く見られていたのである。

そこで平野助教授は、大学院生のころから懇意にしてもらってきた、東工大の情報科学科に勤める森村英典教授のご意見を伺うことにした。東工大の数学科を卒業した一回り年上の森村教授は、文部省・統計理研究所の助教授を経て東工大に迎えられ、以後十数年にわたって日本の応用確率論のリーダーを務めていた。

すぐれた研究業績と人柄の良さで定評がある森村教授は、若い応用数学（オペレーションズ・リサーチ）研究者の尊敬を集めていた。多忙にもかかわらず、東大、東工大、慶大、京大などの大学院生が毎年夏休みに開催する勉強会に参加し、学生たちの研究発表に耳を傾け、激励の言葉を掛けてくださった。

学生にとって、大教授の励ましほどうれしいものはない。このグループからは錚々たる研究者が育ったが、彼らは多かれ少なかれ森村教授のお世話になったのである。

「筑波大の平野良則と申しますが、森村先生はおいででしょうか」

「先生は理学部長室で執務中です。電話をお廻ししますので、しばらくお待ちください」

理学部長と言えば、学長、工学部長、図書館長に次ぐ重要ポストである。

「おう、平野君か。久しぶりだね。元気にやっているかい」

「おかげさまで何とか生きています。今日はご相談したいことがあってお電話しました。実はそちらの人文・社会群から、統計学担当助教授ポストのオファーがありました。ぼくは受けようと思っているのですが、先生はどうお考えでしょうか」

「その件は吉田さんからサウンドされたとき、大変いい人選だと答えておいたよ。君が来てくれれば大島君（森村教授の講座の助教授）も喜ぶだろう」

「人文・社会群は文系の大物教授の集まりなので、うまくやれるかどうか心配です」

「大丈夫、大丈夫。統計学ポストは二年以上後任が決まらないので、君が断ると工学部長にポストを召し上げられるんだよ。そうなると吉田さんも困るから、ぜひ受けてもらいたいね」

「そうなんですか」

吉田・道家両教授と東急文化会館のカフェテリアで歓談し、履歴書を渡した後、〝教授になりたい症候群〟の平野助教授は、大胆不敵にも道家達将教授に尋ねた。

「いつ頃教授にしていただけるでしょうか」

すると道家教授は、吉田教授と顔を見合わせながら答えた（後で聞いたところでは、二人はこの非常識な質問にかなり驚いたということである）。

「普通であれば三〜四年先でしょう」

「そうですか」

「最初は助教授の方が気楽なのではないかと思いましたが、教授の方がよろしいでしょうか」

「――――」

「分かりました。今回のポストは〝教授または助教授〟ということになっていますので、この履歴書を検討したうえで、工学部長と相談してみましょう」

道家教授が気分を害して人事をキャンセルされたら、生涯の痛恨事である。二度とこのような素晴らしい婿入り話は降って来ないからである。〝しかし、今回の人事が流れたらポストを召し上げられるのだから、キャンセルされることはないだろう。助教授でも三〜四年後には教授になれるなら御の字だ〟。

この時の平野助教授には、掲載済みのレフェリー付き論文が八編、審査中の論文が二編しかなかった。しかしこれ以外に、四冊の著書と一冊の翻訳書、そして『中央公論』誌に発表した（レフェリーなし）論文が一編あった。

履歴書を見た道家・吉田両教授は、〝論文数は少ないが、著書・訳書が五冊もあるのだから、ここで教授にしておいた方がいいのではないか。そうすれば、数年後の教授昇任人事で面倒な手続きを踏む手間を省くことが出来る〟と考えた。文系コミュニティでは、著書や翻訳書が論文と同程度（以上）の評価を受けることが幸いしたのである。

一週間ほどして、道家教授から教授ポストのオファーがあったとき、平野助教授は天にも昇る思いだった。工学部長に履歴書を見せたところ、「このくらいの業績があれば、教授にしてもいいだろう」という回答を得たとのことだった。

あのとき〝非常識な〟質問をしていなければ、教授になるのは早くても五年くらい後になっていただろう。教授昇進の際には、助教授になってから後の業績が問題にされるのだが、東工大に移ってからの二年間、平野教授は心身症にかかったため、研究に手がつかなかったからである。

一流国立大の工学部の場合、助教授が教授に昇進するのは、四〇代後半のケースが多い。四一歳の教授は五人に一人くらいである。だから、平野助教授が（筑波大より格上の）東工大の教授に迎えられることを知ったとき、同僚たちの間に大きな波紋が広がった。

「大した業績もないくせに、四一歳で東工大教授か。これは間違いなく情実人事だ（その通りです）」

「教授とは言ってもパンキョウだから、これから先もティーチング・マシーン生活だろう（多分そうでしょう)」

「これからもじっくり〝可愛がってやろう〟と思っていたのに、逃げられたか(ざまを見ろ、この●●野郎)」

「俺のところは、息子への仕送りで青息吐息だというのに、運がいい奴もいるものだな(仰せの通りです)」

かねて、母校に呼び戻してもらいたいと願っていたが、しぶしぶ筑波大で手を打った東大出身の森田学類長は、悔しさをにじませながら嫌味を言った。

「この大学に何か不満があるのかね。君には特別研究費の配分などで、優遇してやったつもりだがね」

〝あれこれ難題を押し付けて、ひどい目に遭わせたくせに、五〇万円程度の研究費で優遇したとはよく言うよ。この●●ナス〟。

「全く不満はありません。先生には大変よくして頂きましたので、とても感謝しています。しかし、子供たちが大学を受験する年頃になりましたので、教育費の問題などを考えますと、東京の方が……」

こういう場合は、家族の問題を持ち出せば角が立たない。

「君も知っている通り、一般教育担当教員は二級市民扱いだ。ぼくは東工大のことはよく知っているが、あそこでは二級市民どころか賤民扱いだよ。研究条件は、ここの方がずっといいはずだがね」

「はあ」

「三年後に船田教授が定年になったところで、君を教授に推薦しようと思っているので、考え直した方がいいのではないかね」

神妙な顔をして聞いていたが、平野助教授は内心では森田教授にイエローカードを出していた。もし余人をもって代え難い人物だと思っていたのであれば、早々と教授昇進を確約し、転出リスクを減らすのが学類長や学系長の任務である。はっきり言えば、彼らには人を見る目がなかったのである。

このあと森田学類長は、東工大から送られてきた〝割愛願い〟に対する回答を意図的に遅らせる、という報復手段を取った。学類長が拒否しても、本人が承諾すれば人事発令は可能だが、丸く収めたほうがいいと考えた吉田教授と道家教授が、筑波まで足を運んでくださった。

東工大の二人の有名教授が頭を下げたことで、森田学類長は機嫌を直し、期限ぎりぎりに回答が届いた。しかし、国立大学の助教授が、格上の国立大学に教授として招かれるときには、黙って送り出すのが大学社会の常識である。国の研究機関から移籍した森田教授は、この常識を弁えていなかったのである。

平野助教授にとって、東工大への移籍は天祐だった。学生のころからの念願だった一流大学の教授ポストが手に入ったこと、教育費の問題が大幅に軽減されたこと、パワハラを受けずに済むようになったこと、年間三五〇〇時間働かされて干物になりかけていたところ、七〇〇時間で済むようになったこと、給料がアップしたこと、などなど。

人文・社会群の教員には、卒研学生の面倒を見る義務はない。また主任にならない限り、ほとんど雑用もない。超多忙な毎日を送っている機械工学や電気工学の教授たちは、時間に余裕がある一般教育担当教員を〝高等遊民〟と呼んでいたが、当たらずとも遠からず、である。

平野教授は、週に三コマの講義、月に二回の会議、そして僅かばかりの雑務という、恵まれた二年を過ごすことができた。しかし恵まれた環境は、いいことばかりではなかった。長く〝教育・雑用マシーン〟にされてきた平野教授は、有り余る時間の重圧で心身症に罹ったのである。

この症状に追い打ちをかけたのが、万年助教授の恐怖から解放されたことである。いともあっさり父と義父の仇討ちを果たしたために、目標がなくなってしまったのである。

心身症は日に日に悪化した。わけの分からない恐怖のために、大岡山駅前の線路を渡れなくなったり、電車から飛び降りたくなったこともあった。心身症の症状が消えたのは、三年目に入って忙しい毎日が戻ってきてからである。

2　四人の同僚

東工大には一ダース近い知り合いがいた。大学勤めの研究者は、学会という組織を通じて横につながっているのである。

人文・社会群の三人の大物教授（江藤淳、永井陽之助、吉田夏彦教授）については、別のところ（『工学部ヒラノ教授』、新潮社、二〇一一）で紹介したので、ここでは専門分野が近い四人の知り合いについて書くことにしよう。

一人目は経営システム工学科の林正夫助教授である。森村教授の指導のもとで、オペレーションズ・リサーチ（ＯＲ）におけるメジャーな研究テーマの一つである「待ち行列理論」に関する博士論文を書いたこの人は、横須賀にある防衛大学校の専任講師に迎えられた。

防衛大学校は幹部自衛官養成のための機関で、ＯＲの軍事への応用研究が盛んなところである。ＯＲの博士号を持つ人が少なかった時代だから、三顧の礼をもって迎えられたものと思われるが、この当時の日本の大学には、軍事研究に対する強いアレルギーがあった。このため防衛大学校の教員は、国立大学の教員から色眼鏡で見られていた。

数年後に水戸にある茨城大工学部に助教授として単身赴任したのは、研究者としての将来を考えた上での苦渋の決断だったと思われる。

二つ年下の林助教授とは、一〇年ほど前に、OR学会の集まりで野村教授に紹介されて以来の付き合いである。森村教授のカルチャーを受け継いだ林青年に好感を覚えた平野助教授は、専門が違うにもかかわらず、その後も個人的に親しく付き合ってきた。

この人は典型的な東工大出身者と違って、文学や音楽をたしなみ、高校時代以来サッカーで身体を鍛えたスポーツマンである。防衛大学校時代には、地元の少年サッカーチームのコーチを引き受け、神奈川県大会で優勝したときは、少年たちを引率して自腹でカリフォルニアまで遠征したという、面倒見がいい人物である。

林助教授は平野教授と同じ年に、「品質管理理論」の大家である真壁肇教授（経営システム工学科）の講座に、助教授として呼び戻された。もちろんこの人事は、数年後の教授昇任を予定したものである（林助教授は「いつ教授にしていただけますか」、などという不躾な質問はしなかっただろう）。

ところがこの学科は、折り合いが悪い五人の大物教授がバトルを繰り広げるややこしいところだった。仲が悪い教授たちに可愛がられる助教授の苦労は〝ハンパじゃない〟。ついこの間まで、筑波で悲惨な助教授生活を送った平野教授は、林助教授に深く同情していた。

東工大のような研究重視大学には、なるべく多くの論文を書くために、優秀な学生を無理やり自分の研究テーマに引きずり込もうとする教授が多い。卒研で自分には関心がないテーマを研究しようとする学生を、「そのような研究に手を出したら、卒業させないぞ」と脅す教授までいる。

また学生にやらせた研究を、自分を筆頭著者とする論文に仕立てて、業績稼ぎをするのは日常茶飯事である。工学部教授の大半は、〝教授は研究のアイディアを出し、時間がかかる作業（実験やプログラム作り）は大学院生に任せた方が効率的だ。論文を量産して、一流研究者の地位を維持するためには、これがベストだ〟と考えている。

アメリカの大学教授はもっと徹底している。ノーベル物理学賞を受賞した中村修二教授（カリフォルニア大学サンタバーバラ校）は、雑誌記者のインタビューに対して、「教授の仕事は、魅力的な研究テーマを発掘すること、説得力があるプロポーザルを書いて国や民間企業からお金を集めて来ること、そしてそのお金で学生やアシスタント雇って働かせることだ」と答えている。

ところが林助教授は、学生を搾取するようなことは、決してやらなかった。また自分の専門に近いテーマ（応用確率論）を研究する学生を懇切に指導する一方で、専門からはずれたテーマ

（最適化理論）を研究したいという学生がいる場合には、自分よりふさわしい教授に頭を下げて、指導を依頼した。

林助教授を一言で評すれば、森村教授の研究・教育スタイルを受け継いだ、大学人の鑑である。東工大に在籍した一九年余り、この人は陰に陽に平野教授を支援してくれた。

さて林助教授が最も多くの学生を無償譲渡した相手が、森村教授の講座の助教授を務める、「最適化理論」の若手チャンピオン・大島正介助教授である。

平野教授より六つ年下のこの人は、慶應義塾大学の管理工学科の博士課程を出た後、出身学科の助手に採用されたが、教員の年齢構成から見て、助教授昇進は早くても一〇年先である。しかも、指導教授と犬猿の仲の先輩教授が、昇進を妨害する可能性もある。

したがって、万年助手の憂き目にあわないためには、よその大学に転出しなくてはならないのであるが、私立大出身者のアカデミック・ジョブ・マーケットは小さい。そこで大島助手の才能を高く評価していた指導教授は、森村教授に（一時的に）助手として預かってもらうよう依頼した。東工大の恵まれた環境で研究を続ければ、必ずや飛躍の機会が巡ってくると信じていたからである。

数学科出身の森村教授は、大島助手に数学科助手並みの〝貴族環境〟（研究と学生の指導だけやっていればいい環境）を提供した。このおかげで大島助手は、指導教授が予想した通り次々とすぐれた論文を書き、これを海外の一流ジャーナルに投稿した。

この当時、海外のジャーナルに数式入り英文論文を掲載してもらうのは、大変なお金と時間がかかる作業だった。論文のタイプを外注すると、Ａ４一枚につき二〇〇〇円くらい取られる。一五枚なら三万円である。レフェリーから修正を求められると更に二万円。

一流ジャーナルの場合、審査をパスして掲載されるのは三編に一編程度である。運よく掲載されることが決まると、掲載料が三万円。合計すれば、論文一編につき最低でも八万円はかかる。助教授の給料の三分の一を上回る大金である。

これだけのコスト負担に耐えられるのは、十分な研究費を持っている人、もしくは資産家だけである（大島助手は大地主の御曹司だった）。したがってこの当時、平野教授の同業者の中で、海外の一流ジャーナルに論文を発表する人は数えるほどしかいなかった（日本人研究者が、海外のジャーナルに論文を投稿するようになったのは、数式入り英文論文を入力するためのソフトウェア「ＴｅＸ」が出現した八〇年代半ば以降である）。

大島助手は、三〇代半ばにウィスコンシン大学の「数学研究センター（ＭＲＣ）」に客員助教授として招かれ、国際的な注目を浴びる論文を書いた。ＭＲＣは、ニューヨーク大学の「クーラン研究所」と並ぶ、応用数学のセンター・オブ・エクサレンスである。

大島助手は帰国後しばらくして助教授に昇進し、平野教授が東工大に赴任したときには、ORの世界で最も権威があるジャーナル『Mathematics of Operations Research』の最適化法部門の編集長を務めていた（三〇代半ばという若さで、このような要職に就いた日本人は大島助教授だけである）。

実は平野教授も三〇代初めに、MRCに招かれたことがあった。しかし、煮ても焼いても食えない「NP困難問題」に取り組んだため、大島青年のような目覚ましい成果を出すことは出来なかった。

やっと書き上げた論文について、最適化理論の権威であるティーシー・フー教授は衆人環視の中で、「君の論文を読んだが、あのような論文は書かない方がいい」と酷評した。

研究者として最高級の侮蔑の言葉を浴びてズタズタになった平野青年は、〝いつの日にか、この屈辱を晴らさなくてはならない〟と決意した（そのチャンスが巡ってくるのは、一七年後である）。

帰国後気を取り直した平野青年は、酷評された論文に手を加えて、日本OR学会の英文論文誌に投稿した。審査をパスしたこの論文は、「大域最適化法」のパイオニアであるホアン・トイ教授（ベトナム国立数学研究所）の目に留まり、のちにこの分野で多くの論文を書くきっかけになった。まさに〝捨てる神あれば拾う神あり〟である。

大島青年がMRCに招かれたとき、フー教授はカリフォルニア大学に移籍していたから、直接の接触はなかったはずだが、同僚から〝書かない方がいい論文〟に関する情報が入っていた可能性がある。

片や世界の強豪が蝟集する大問題に取り組んで、毎年二編の英文論文を書き、国際A級研究者の名声を手にした気鋭の助教授。片や一流研究者が見向きもしない〝辺境〟分野で、毎年一編程度の論文を、日本OR学会の英文論文誌に掲載してもらうのがやっとの、国際B級教授。

〝大島助教授とまともに戦ったら勝てないから、この人と競合しない分野で研究するしかない〟。大島助教授は先輩に敬意を表してくれたが、先輩は劣等感に苛まれていた。

学生が〝研究の鬼〟と呼ぶ大島助教授は、酒は飲まない、タバコは吸わない、ギャンブルはやらない。もちろん浮いた噂もない。趣味と言えばテニスだけの石部金吉金兜である。したがって忘年会での話題は、教育とテニスに関するものだけだった。

平野教授の八年先輩で、東大工学部二〇年ぶりの秀才と呼ばれた伊理正夫教授も研究の鬼だったが、幸いこの人は呑兵衛だった。酔っ払うと予想もしない猥雑な言葉が飛び出し、〝あこの人も人間なんだ〟と安心したものだ。

一方いつも素面の大島助教授には、全く付け入る隙がなかった。資産家の御曹司で、傑出した研究業績がある人と付き合うのは難儀である。

ところが実は大島助教授も、わが国の応用数学界のチャンピオンである森口教授の門下生で、スタンフォード大学で博士号を取った後、数理計画法の分野における日本初の本格的教科書

『非線形計画法』（日科技連出版社、一九七八）を書いた平野教授を、煙たいと思っていたのである（このことが分かるのは、十数年後である）。

大島助教授は、着古したセーターを身にまとい、廃車寸前のバンに乗って大学にやってくる。ところが学生に聞いたところでは、セーターは高級なブランド物で、成城の自宅にはベンツがあるという。

東工大に赴任したとき、四一歳の平野教授は、三五歳の大島助教授に大きく差をつけられていた。マラソンにたとえれば、スタートから一〇キロ地点で一キロ以上引き離されたようなものである。〝これから先どれほど頑張っても追いつけそうもない〟。

実をいえば、この頃の平野教授には、追いつこうという気力すらなかった。すでに書いた通り、平野教授は重度の心身症にかかっていたのである。

三人目は、林助教授と同じ学科に所属する松原允彦教授である。五つ年上のこの人は、一九六〇年に東大・応用物理学科の修士課程を出た後、アメリカの「ケース工科大学（現在のケース・ウェスタンリザーブ大学）」に留学し、二年少々で博士号を取った伝説の大秀才である。指導教授であるM・メサロビッチ教授と共著で発表した『Theory of Hierarchical, Multilevel, Systems』（一九七〇）と『General System Theory : Mathematical Foundations』（一九七五）という著書は、

「一般システム理論」のバイブルと呼ばれた。

システムとは、〝相互に影響を及ぼしあう要素から構成される仕組みの全体〟のことを指す言葉である。工場、企業、大学、社会、国家などはすべてシステムである。一般システム理論は、一般的なシステムの構造を数学的に分析しようというものである。

平野教授は、助教授時代に一九七〇年の本を手に取ったことがあるが、あまりにも難解かつ抽象的だったので、二〇ページほどで投げ出した。しかし気になるので、松原教授をしのぐ秀才と呼ばれた伊理教授にご意見を伺った。

「一般システム理論は勉強しておいた方がいいでしょうか」

「ああいう難しい本は、書いた本人にも分かっていないことが多いものです。それにあの理論は、実用上の問題を解くうえでは役に立ちませんから、読むのは時間の浪費でしょう」

〝大体のことは自明だ、と考える天才が難しいというのだから、凡才が勉強しても分かるはずはない〟と考えた平野青年は、以後この本には近寄らないことにした。

その一方で平野教授は、役に立たないと批判されながらも、二〇年近くにわたって一般システム理論に取り組む松原教授を尊敬していた。

指導教授である森口教授は、社会の役に立つ研究を重視した。しかし役に立つ研究は、概してすぐに古くなる。古くなると、次の役に立つテーマに乗り換える。一か所にとどまらず、次々と役に立つテーマに取り組む研究者は、世間で重宝される。

応用力学、統計学、OR、計算機プログラミングという四つの分野の第一人者を務めた森口教授は、このような研究者の代表である。

一方、スタンフォード時代に指導を受けたダンツィク教授は、「線形計画法」という新分野を切り開いた後、もはや時代遅れだと批判されながらも、半世紀にわたって線形計画法の研究・教育・普及に努めた（このおかげで、線形計画法は〝二〇世紀最大の応用数学理論〟と呼ばれるようになった）。

森口教授を尊敬する平野教授は、ダンツィク教授を森口教授と同程度以上に尊敬していた（そのせいで平野教授は、二人の大教授の引力で股裂きになった）。松原教授を尊敬するのは、役に立たないと批判されながらも、一か所にとどまって一般システム理論の研究・教育に努める姿が、ダンツィク教授と重なる部分があったからである。〝今は役に立たなくても、将来役に立つ可能性が全くないわけではない〟。

なお一般システム理論は、工学的な意味でめざましい成果を生み出したとは言えないが、システム科学や社会科学の基礎理論として評価された（グーグル・スカラーを検索すると、一九七〇年の著書は二四〇〇回も引用されている）。

松原教授の周囲には、経営システム工学科のエース級の学生が集まっていた。彼らにとって松原教授は、〝一般システム教〟の教祖のような存在だった。

学会の講演会でお話を伺ったことはあるが、これまで直接言葉を交わしたことがなかった平野教授は、恐る恐る新任のご挨拶に出かけた。教授会で研究業績一覧が回覧されたということだから、松原教授は平野教授が研究者としては二流であることを知っているに違いない。

「この度人文・社会群に、統計学担当として赴任した平野です。どうかよろしくお願いいたします」

「君の噂は、筑波大の連中からいろいろ聞いています」

〝筑波大の連中とは、東大の応用物理学科出身の森田学類長や白貝教授のことか。そうだとすれば、いい噂であるはずがない。悪い噂を聞かされている人は、敬して遠ざけるのが賢明だ〟。

「先生のお名前は、学生時代からよく存じ上げていました。アメリカの大学で、二年少々でPh.D.を取ったのは先生だけだと伺っています。私は三年かかりました」

「三年なら、ここの助手を務めていた鳩山君（平野教授のスタンフォード時代の後輩で、のちに総理大臣になった人）の半分以下ですね」

「あの人は私と違って大金持ちですから、急いで博士号を取る必要はなかったのでしょう」

「それはそうと、君は東工大の三大奇人を知っていますか」

「三大奇人ですか？」

「そのうちの二人は、われわれと同じ応用物理学科の出身なんですよ。君は一応まともらしいが、四人目にならないよう気をつけてくれたまえ」

「私は凡人ですから、三大奇人のお仲間には入れて頂けないでしょう」

「それにしてもよくあのポストを受けましたね」

「あのポストですか？」

このときは知らなかったが、前任者である統計学担当の滝沢助教授は、パワハラと失恋が重なって鬱になり、平野教授が割り当てられている研究室で服毒自殺を遂げたということだ。二年も後任が決まらなかったのはこのためである。

幸いなことにこのニュースは、陸の孤島・筑波には伝わらなかった。それでは、もし伝わっていたとして、平野教授はあのポストを受けただろうか。答えはイエスである。どのようなことがあっても、筑波大よりひどいことはありえないと思ったからである。

決して愉快とは言えない表敬訪問以後、平野教授は松原教授と教授会で顔を合わせたときには目礼を欠かさなかったが、言葉を交わす気にはなれなかった。ところが一一年目になって、この人にみっちり〝可愛がられる〟ことになるのである。

四人目の知り合いは、経営システム工学科で、林助教授と同じ講座の鈴村敏夫助手である。八つ年下のこの人は、七〇年代半ばに、三年にわたって毎月一回東工大で開催された、OR学会の「整数計画法研究部会」の幹事役として、平野主査の右腕を務めてくれた。

大島助教授は、「鈴村助手は事務官より事務能力がある」と言っていたが、何事にもよく気が付くこの人が幹事役を引き受けてくれたおかげで、平野助教授は無事三年の任期を全うし、部会メンバーと協力して『整数計画法と組み合わせ最適化』（日科技連出版社、一九八二）という本を出版することが出来た（鈴村氏にはこれから後も、様々な局面で助けてもらうことになる）。

エンジニアが仕事をしていくうえで、教養課程で勉強した数学だけでは不十分だと考える鈴村助手は、自らの研究を後回しにして、真壁・林研究室の学生たちに、数学の特訓を施していた。その厳しさに、学生たちは〝教育の鬼〟という称号を奉った。

鈴村助手はさながら、テレビの人気戦争ドラマ「コンバット」に登場するサンダース軍曹のような存在だった。そしてこの特訓のおかげで、真壁・林部隊からは数々の優れた研究者が育った。

〝教育の鬼〟は、ほとんど論文を書かなかった。その責任の一半は、この人を「整数計画法研究部会」という不毛の研究会に引っ張り込んだ平野教授にあった。一〇人余りのメンバーは、様々なアイディアを開陳したが、パソコンがない時代だから、データを用いてそれを検証することが出来ない。かくしてこれらのアイディアは、論文として公開されずに終わったのである。

このようなわけで、林助教授が教授に昇進した後、鈴村助手が助教授になれるかどうかは微妙なところだった。助教授になれなければ〝万年助手〟だ。しかしこの人は、そんなことはまったく気にしていないようだった。

東工大に赴任するに先立って、平野教授は鈴村助手から様々なマル秘情報を教えてもらった。松原教授は学科の中で浮き上がっていること。経営システム工学科のドンは、真壁教授でも松原教授でもなく、のちに三九歳の若さで教授に昇進する枝野助教授であること（四〇歳前に教授になる人は一〇人に一人もいない）。また枝野助教授以上に権力があるのは、松原教授の秘書を務めるM事務官であること（この人は助教授連中の学生時代の黒歴史を知っているそうだ）、などなど。

心配した通り、鈴村助手はなかなか助教授に昇進できなかった。ところが四〇歳を迎える直前に、新設された筑波大学ビジネス・スクールに、学部長として招かれた森村教授の片腕として移籍してから、傑出した事務能力を生かして大ブレークし、一五年後には筑波大学の副学長として辣腕を揮うのである。

3　一般教育・統計学教授

東工大に集まるのは、理数系に突出した才能を持つ学生である。彼らの多くは、小説を読んだり、映画を観たり、女性とデートするのは時間の無駄だと考えている。彼らは思い通りにならない人間より、意のままに動いてくれる機械やコンピュータの方が好きなのだ。そして、このような学生の中で最も優秀な（突出した）人が、東工大の教授になるのである。

彼らの多くは、人文科学や社会科学には全く関心がない。中には、「このような科目を、学生に必修として課すのは時間の無駄だ」と教授会で発言する教授もいる。

しばしば新聞やテレビに登場する四～五人の大スターは、〝マスコミに弱い〟エンジニアに尊敬されていた。しかしその他の一般教育担当教員は、エイリアンだと思われていた。なぜなら彼らは、講義と会議がある日以外は大学に出てこない。一般読者向けの新書や雑誌記事などは書くが、研究論文は書かない。教授会に出てくると、奇々怪々なレトリックでエンジニアを煙に巻くなど、エンジニアから見ると〝コマッタ輩〟の集まりだからである。

一方エイリアンから見れば、ワーカホリック・エンジニアは変人・奇人である。同僚の中でただ一人の工学部出身者で、毎日大学に出勤する平野教授は、文系教員の間で浮き上がっていた。しかしそのおかげで、彼らから嫌がらせを受けることはなかった。

数学が嫌いな文系教員は、数学に強いエンジニアを敬して遠ざけた。一方平野教授も、吉田教授と前原教授（数学基礎論の専門家で筑波大時代の同僚だった人）、そして高校時代の後輩である法学担当の奥脇助教授を除く文系教員と、個人的に付き合いたいとは思わなかった。彼らはあれこれ詭弁を弄して仲間たちを煙に巻こうとするからである。

特に面倒なのは経済学者である。平野教授は大学院時代の統計学ゼミで、経済学部の超合理的で意地が悪い学生と付き合って、ほとほと疲れてしまった。人文・社会群にも、大学院時代に経済企画庁で開催される「統計研究会」で知り合った香西泰教授が住んでいたが、平野教授はのちにこの人のおかげで、大変な苦労を背負い込むことになるのである。

理工系の研究には、実験やプログラム作りが欠かせない。しかし、これらの仕事を手伝ってくれる助手も技官もいない。一般教育担当教員の任務は教育であって研究ではないから、国から支給される研究費は少ないし、大学院学生の定員も付かない。普通であれば平野教授は、〝羽なしカラス〟になる運命だった。

こう書くと、〝研究意欲はあるが、そのための原資がない〟と受け止められるだろうが、実はそうではなかった。筑波大で教育・雑務マシーンとして暮らす間に、研究意欲を失ってしまったのである。

〝一般教育担当教員は教育だけやっていればいいのだから、研究意欲が沸いてくるまでは、ティーチング・マシーンとして時間稼ぎすることにしよう〟。

ところがこの大学では、一般教育担当教員であっても、博士号を持つ人には大学院教育を担当させてもよろしい、という慣行があった。この結果平野教授は、「社会工学科」の大学院担当教員として、講義を担当する代償として、学生定員を一人配分されることになった。

大学院生を指導すると、一人につき一五万円程度の学生指導経費が支給される。二人なら三〇万円である。統計学担当教授に配分される八〇万円と、科学研究費一二〇万円を加えれば、さしあたり飢え死にすることはない。しかしこれは、自分の指導を受けたいと思う大学院生がいてくれれば、の話である。

大学院進学を目指す学生は、教授の研究能力、指導能力、人柄を厳しく査定する。時代遅れの研究をやっている人、（社会的貢献という名目の）サイドビジネスに時間を取られて、研究・教育がなおざりな人、学生に厳しすぎる人、性格が悪い人、そして無能な人は敬遠される。このような教授にあたると、一生祟るからである。

この種の情報は、先輩の口を通して後輩に伝わる。そこで平野教授は、大島助教授と競合しない研究テーマが見つかるまで講義に全力投球して、学生の評判を高めるよう努めることにした。

東工大の学生の大多数は、人文・社会科学科目には関心が薄い。科学者や技術者を目指す学生にとっても、これらの知識は不可欠であるが、そのことに気付くのは社会に出てからである(企業に入った東工大の卒業生が、なかなか社長になれないのは、これが大きな原因の一つだと考えられている)。

入学したばかりの学生たちにとっては、人文・社会科学科目より数学、物理、化学などの理系科目の方が重要である。必修科目に指定されているので、やむを得ず履修するが、半数の学生は講義を聞かずに、数学や物理の問題解きをやっている。また残りの半分も、居眠りやおしゃべりをしている。出席を取り終わると、そそくさと退出する学生も多い。教員にとってこれは屈辱である。中には不埒な学生にブチ切れて、椅子を投げつけたパワハラ教授もいる。

そこで平野教授は、一年生向けの総合講義Aでは、「数理決定法入門」というタイトルで、大学内で発生する複雑な意思決定問題を、数理的手法を用いて解決する方法を取り上げ、学生の興味を喚起するよう工夫を凝らした。

講義の具体的な内容は、

・線形計画法を用いたクラス編成法

・多属性効用分析を用いた入学試験合格者数決定法
・階層分析法（ＡＨＰ）による通学ルート選定問題
・マルコフ決定過程による親の仕送り問題
・ゲーム理論による大人数クラス運営法
・投票理論によるクラス編成法の決め方

などである（平野教授はのちにこの講義をもとにして、『数理決定法入門　キャンパスのＯＲ』（朝倉書店、一九九二）を出版した）。

このようなテーマを選んだのは、学生が情報科学科や社会工学科に進学するよう誘導するためである。これらの学科に進学した学生は、大学院で平野教授の指導を希望してくれる可能性があるからだ。

学生にとって身近な問題を取り上げたため、希望者は新入生の半数を上回る五〇〇人に達した。しかし、教室には二五〇人までしか収容できないので、半数はほかのクラスに回ってもらった。

八〇人ほどの三年生を対象とする統計学の講義では、前期に数理統計学の基本を講義した後、後期には〝統計学でウソをつく方法〟、〝ポートフォリオ理論（統計的手法にもとずく投資理論）〟

など、理工系学生の興味を引きそうなテーマを取り上げた。

また「総合講義B」では、自分の専門である数理計画法の講義のほかに、さまざまなホットな話題を取り上げた。数理工学の世界を震撼させた数学特許（いわゆる「カーマーカー特許」）、後にノーベル経済学賞を受賞するマーコビッツ教授の「平均・分散（MV）モデル」に代わる平野教授の「平均・絶対偏差（MAD）モデル」、そして金融工学の重要テーマである「デリバティブ理論」、「証券化理論」、「信用リスク理論」などなど。

この講義を履修するのは、数学科、情報科学科、経営システム工学科、社会工学科の二〇人ほどの学生である。本気で数理計画法や金融工学を勉強しようという学生ばかりなので、彼らの期待を裏切らないよう全力投球した（この講義の副産物として、四冊の著書が完成した）。

大学院生向けの講義では、ヴァシェク・フヴァータル教授（マギル大学）の決定版教科書『Linear Programming』（一九八三）を教材に選定し、輪講方式で学生に発表させた。

授業に先立って教科書を熟読して、学生が間違ったことを言ったときや、立ち往生したときに完璧にフォローアップすれば、〝平野教授はハンパない〟と思ってくれる。この評判は後輩に伝わり、彼らの中から平野研究室を希望する人が現れるかもしれない。

スタンフォード時代にダンツィクの聖書『Linear Programming and Extensions』（一九六三）全六三二ページを読破した平野教授は、二〇年後に出版されたフヴァータルの教科書、全四七八ページを完読したことによって、線形計画法に関する完璧な知識を身に着けた。これは平野教授の一生を通じての貴重な財産になった。

この輪講で分かったのは、学生の数学力が学科ごとに異なるということである。数学科、情報科学科、経営システム工学科の学生はピカピカだったが、社会工学科の学生の中には、これでも東工大生かと思わせるような学生が散見された。

入学した時のレベルは同じでも、その後の教育次第で大きな差が出るのである（学生に聞いたところでは、社会工学科の数学教育はミゼラブルだという）。

すでに書いた通り、一般教育担当教員には、卒研学生の面倒を見る義務はない。また主任にならない限り、ほとんど雑用もない。年間七〇〇時間しか働かない高等遊民は、この恵まれた環境の中で徐々に研究意欲を取り戻していくのである。

4　人文・社会群主任

東工大に移籍して三年目の四月、人文・社会群の主任という仕事が回ってきた。当番になっていた経済学担当の香西教授が、「政府審議会の委員に就任することになったので、誰かに代わってもらえませんか」と主任に申し出たためである。

エンジニアであれば、政府審議会の委員ごときで、何年も前から決まっている大学の職務を放り出したりしない（両方とも引き受ける）。ところが香西教授は、しばしば先約を反故にする人なのである。

香西教授の秘書（のちの平野教授の秘書）は、「先生の留守中に電話が鳴るたびに、また怒鳴られるのかと思ってビクビクしていました」と述懐していた。

元経企庁調査第一課長の売れっ子エコノミストには、あちこちから講演依頼が舞い込む。ところがこの人は、情報管理が甘いせいか、時々約束をすっぽかす。いわゆるダブルブッキングも多いらしい。教授の不始末で怒鳴られる秘書は、気の毒としか言いようがない。平野教授に言わせれば、これは立派なパワハラである。

〝泣く子と売れっ子エコノミストにはかなわない〟ことを熟知している主任は、犬猿の仲の大物教授三人のご意見を伺った。この結果、誰の敵でもないエンジニアにお鉢が回ってきたのである。

よほどのことがない限り、信頼すべき先輩・同僚の頼みは引き受ける、という〝工学部の教え〟を守る平野教授は、よろずトラブル請け負い担当の道家教授の依頼を引き受けた。

十数人の文系論客が繰り広げる丁々発止の会議の司会役は、若輩エンジニアの手に余る仕事だったが、一年の間に文系論客とはどのような人種であるかを、たっぷり勉強させていただいた。

エンジニアと違って彼らは、

・大学に対する忠誠心が皆無だということ
・（エンジニアが書き散らす）一年後には忘れ去られるような論文は、書いても意味がないと思っていること
・五〇〇〇部以上売れそうもない本は書かないこと
・研究は大学の研究室ではなく自宅の書斎でやるものだと思っていること
・本音を語っているとは限らないこと

などなど。これらの中でのちに最も役に立ったのは、〝言葉によって生きている彼らにとって、最も重要なことは、議論に負けないことだ〟ということである。〝議論に勝つためであれば、先月の発言と一八〇度違うことを言ってもかまわない。大体のことは一か月すれば忘却の彼方だし、矛盾を指摘されたら状況が変わったと言えば済む、ケセラセラ――〟。

こういう人と議論するときにはどうすればいいか。一二年に及ぶ付き合いから学んだことは、〝相手が苦手な数学と計算機の土俵に引きずり込んで、煙に巻く〟ことである。

主任の最も重要な任務は、人文・社会群を悩ませてきた大問題を処理することである。大問題とは、毎年春に行われる「総合講義A」という科目のクラス編成である。

一〇〇〇人余りの新入生が、一八人の教員が開講する科目の中から、第一志望、第二志望、第三志望の三つのクラスを指定する。講義の内容は各教員の専門、即ち法学、文学、哲学、文化人類学、経済学、論理学、歴史学、心理学、社会学、統計学、技術史、科学史などである。

各クラスには（担当教員が指定する）定員があるので、全員を第一志望のクラスに収容することは出来ないが、なるべく志望順位が高いクラスに配属させたい。人気があるクラスに志望が集中する傾向があるので、クラス分けにはかなりの手間がかかる。

数学の素養がない文系教授が、ポストイット片手にこの問題に取り組むと、丸二日かけても終わらない場合がある。前年の主任を務めた政治学担当の永井教授は、二日かけても終わらないので、「私はこのような仕事をするためにこの大学に勤めているわけではない」、と宣言して〝蒸発して〟しまった。この結果、法学担当の奥脇助教授が、ピンチヒッターとしてこの仕事を引き受ける羽目になった。

第三志望までのクラスに収容できない学生を、定員に空きがある適当なクラスに配属させると、学科事務室の前に不満学生の大行列ができる。そこで奥脇助教授は、すべてのクラスの定員を三割増しにすることによって問題を収拾した。しかし、このようなことをやると教員の不満が高まる。

〝線形計画法の父〟と呼ばれるダンツィク教授の弟子は、この問題が線形計画問題として定式化されることに気付いていたが、頼まれもしない仕事を率先して引き受けるほどお人よしではない。

主任になった平野教授は、優秀な中国人留学生の協力を得て超効率的なプログラムを作成し、学生の志望データが届いてから数時間で、学生全員の総満足度が最も高くなるクラス編成（全員が第二志望までに入るクラス分け）を行うことに成功した。

十数年にわたって人文・社会群を悩ませてきた大問題に決着をつけた平野教授は、文系教員から魔法使いとして崇められた。能ある鷹は爪を見せびらかしたために、主任をやめた後もこの仕事を押し付けられることになった。

今年はたまたまうまくいったが、来年もうまくいくとは限らない。すべての学生を第三志望までに所属させるためには、クラス定員の総数が学生数に比べて十分な余裕があること、そして学生の希望が適当にばらついていることが必要である。

しかしクラス定員の総数は変わらないのに、政府の団塊ジュニア対応政策による入学定員増の影響で、学生数は年々増加する傾向がある。また希望のバラツキ具合は学生の気分次第で大きく変動する。

そこで綿密な計算機シミュレーションを行った結果、定員総数が学生総数より五％以上多ければ、まず間違いなく全学生を第三志望までに収容できることが確認された。

五％を切るとうまくいかない場合もある。そうなると魔法使いの権威が失墜する。ではどうするか。平野教授は知恵を絞りに絞った。そして三年後には、何が起こっても絶対に大丈夫な〝究極のクラス編成法〟を考案することに成功した。

この方法は『数理決定法入門』（前出）で紹介された結果、（のちに勤務することになる中央大学経営システム工学科を含む）全国一ダース余りの大学で採用され、〝クラス編成法の平野教授〟の令名は全国にとどろいた。

もう一つ文系教員諸氏を驚かせたのは、二五〇人の大人数クラスにおける出欠確認法である。これだけ多くの学生の出欠を取る場合、一人ずつ名前を呼び上げていたら、どれほど急いでも一五分はかかる。しかも代返のやり放題になる。

一方、法学担当助教授が採用している、出席カードを配って出欠を確認する方法は、カードを提出した後すぐに教室を抜け出す学生が続出する。また学期末に、三〇〇〇枚の出席カードをもとにして、各学生の出席回数を集計する作業には、半日以上かかる（ORの専門家たる者は、このようなバカバカしい仕事に時間を費やすべきでない）。

苦労の末に編み出したのは、「ゲーム理論」を用いた〝「超」出欠法〟である。この方法を使うと、ほとんど手間をかけることなく、正確な出席を取ることが出来るだけでなく、学生を九〇分の講義時間のうち、七五分以上教室に縛り付けておくことが出来るのである（関心がある読者は、前出の教科書の第六章をご覧ください）。

この噂を聞きつけた社会学担当助教授は、「教室にカメラを持ち込んで、助手に顔確認をやらせたのですか」と尋ねた。しかしエンジニアは、そのような空しい仕事を、助手にやらせたりはしない（そもそもこの頃の平野教授には助手はいなかった）。

人文・社会群が抱えるもう一つの問題は、大学院担当教員と一般教育オンリー教員という二重構造である。

東工大の専門学科には、〝大学院教育を担当するためには、博士号を持っていること〟という内規があった。人文・社会群の教員の約半数は博士号を持っているから、文・理融合研究を標榜する社会工学専攻の教育を担当して、八％の大学院手当を貰っていた。

一方、博士号を持たない哲学、日本文化、歴史学、考古学などの教員は、大学院担当にならなくても構わない、むしろ御免こうむりたいと考えていた。東工大には、これらの分野の研究者を目指す大学院生はいないからである。

しかし、中にはこの差別に不満を漏らす有力教授がいた。時折群会議で不穏な空気が流れる原因の一つはこれだった。博士号を持つ若手助教授たちは、この二重構造を解消して、とげとげしい雰囲気を取り除きたいと考えていた。

主任になってすぐ、平野教授は二重構造解消検討会に呼ばれた。ここで議論されていたのが、「人文・社会科学科」設立構想と「中抜き大学院」設立構想である。

工学部の中に人文・社会科学科を設立して、その上に大学院「人文・社会科学専攻」を作れば、博士号の有無にかかわらず、スタッフ全員を大学院担当教員にすることが出来る。学科メンバーの過半数が博士号を持っていれば、大学院専攻の設立はほぼ自動的に認められるからである（誰に大学院教育を担当してもらうかは、専攻会議の専決事項である）。

ところが人文・社会科学科を設立すると、各教員は学部学生に対する一般教育、学科における専門教育、そして大学院教育という三つの仕事を担当しなくてはならない。週に三日だけ出勤して、講義と会議が終わればすぐに姿を消す高等遊民が、このような重労働に耐えられるはずがない。

もしこのようなことになれば、優秀な教員はよその大学に逃げ出し、東工大の人文・社会科学グループは、二流、三流の研究者の集まりになってしまうだろう。

そもそも理工系の単科大学である東工大に「人文・社会科学科」を設立したとして、この学科を志望する学生はどれだけいるだろうか。入学定員を充足できなければ、教授会で針の筵に坐らされる。

そこで考案されたのが、学科をスキップして大学院専攻だけを作る「中抜き大学院」である。しかし、一般教育担当教員を、専門学科を飛ばして大学院担当教員に格上げするのは、過去に例がない〝二階級特進〟措置だから、前例主義の文部省は認めてくれない。

では本当に全員が、大学院担当教員になりたいと思っているだろうか。不満を持っているのはたかだか二〜三人に過ぎないから、彼らに博士号を取ってもらえば済む話ではないか。ところが看板教授の一人は、意地でも博士号を取らないと言っているし、もう一人は五〇歳になるまで一編の論文も書いたことがないから、博士号を取るのはまず不可能である。

〝たかだか二〜三人の教員のために、一五人がエンジョイしている高等遊民環境を破壊するのは愚だ〟。これが平野教授の考えだった。

エンジニアは、大ブレークスルーが起らない限り解決不可能な問題だということが分かったところで、研究を打ち切る（やるべきことは、ほかにもたくさんある）。しかし、議論好きな文系教員は、堂々巡りを繰り返していた（彼らが二階級特進を手にするのは、一九九六年に「社会理工学研究科」が設立されたときである）。

学科主任は毎日大学に出勤して、不測の事態に備えなくてはならない。「研究は自宅の書斎でやるべきものだ」と宣う文系教授にとっては、辛いお勤めである。しかし、エンジニアは毎日大学に出勤する。家には書斎も実験器具もないので、大学に出てこなければ仕事にならないからである。

主任の出動が必要になる事件が発生するのは、高々週に一回程度である。不測の主任業務としては、

・K助教授の度重なる無断海外出張の尻ぬぐい（公務員はたとえハワイ家族旅行でも、国外に出るときは許可を得なくてはならない）。

・腰が痛い、首が回らない、めまいがするなどの理由で、講義の半分以上を休講にするW

助教授に対する学生の苦情への対応。
- E教授が踏み倒した懇親会費三〇〇〇円也の取り立て。
- F教授の助手・学生に対するパワハラ&アカハラ問題への対応。
- うつ病を患う幽霊のようなS司書に対する自主退職勧告問題。
- （高等遊民を見習って）週に三日しか出勤しない事務職員T嬢との〝命がけの〟バトル。

などなど。

人文・社会群主任は、一般教育担当の外国語グループ、保健体育グループ、教職科目グループの主任との月例打ち合わせ会に出席しなくてはならない。

三〇人余りの外国語教員グループは、第一外国語の英語担当が半数強、第二外国語のドイツ語担当が一〇人弱、フランス語、ロシア語がそれぞれ二〜三人という構成である。

第一、第二外国語は必修科目だから、これだけの人員が割り当てられているのであるが、専門教育担当教員の間では

- 英語の単位認定はTOEFL、英検などに置き換えてもいいのではないか。
- 役に立たないドイツ語担当教員は、いなくてもいいのではないか。

・やめさせることは出来ないのであれば、ニーズが高い中国語やスペイン語を教えてもらってはどうか（専門教育担当教員が、次々と出現する新分野を勉強して講義を行っているのを見習いなさい）。

など、至極まっとうな意見が飛び交っていた。しかし過半数を占める英語担当教員は、入試問題作成・採点という重要業務を盾にして、野蛮人（エンジニア）の意見に耳を貸そうとはしなかった。

彼らは週に五コマ程度の講義を担当しているのであるが、学生によればその内容は高校時代とあまり違わないという。高校レベルの授業を週に五コマというのは、らくちんな仕事である。それ以外の時間を研究に充てているのかと言えば、そのような人はたかだか三人に一人程度である。残りの教員は、他大学の非常勤講師、カルチャー・センターの英語講師などをやっているのである。

大学教員は届け出を出せば、非常勤講師として他大学で教えても構わない。専門教育担当教員も他大学の非常勤講師を頼まれることがある。しかしそれは、たかだか週に一回程度である（これ以上引き受けると本務に支障が出る）。

ところが英語担当教員の場合は、週五回、六回は珍しくないという。東工大で担当しているのとほぼ同じ時間をよその大学で教えているわけだ。中には週一二回（！）という届けを出して、事務局から拒否されたトンデモ教授もいるとやら（無届でやっている場合は、事務局も把握しょうがない）。

このようなわけだから、エンジニアたちは外国語担当グループに極めて冷たかった。また人文・社会科学担当教員も、外国語担当グループと同類扱いされることを極端に嫌ったのである。

線形計画法によるクラス編成で、文系教員集団を平伏させた平野教授は、毎年クラス編成問題を引き受けた功績で、学科に三人分しかない秘書のポストを割り振られた（研究がスムーズに進むようになったのは、このおかげである）。

そして四年目になると、三年間の努力が実を結んで、社会工学専攻のK青年が平野研究室を志望してくれた。東工大は日本で最難関と呼ばれる理工系大学である。したがって、学生は一騎当千のつわものぞろいである。

優秀なK青年は、平野教授に強烈なプレッシャーを与えた。大島助教授に比べて著しい生産性格差がある平野教授は、この青年のおかげで〝研究意欲もりもり教授〟に生まれ変わるのである。

5　切れ者登場

ここに登場するのが、定年退職後に筑波大学ビジネス・スクールの初代学部長に就任した森村教授の後任として、情報科学科の教授に迎えられた川村弘明博士である。

この人事を知ったとき、平野教授は思わず〝こんなことってありか?!〟と声を挙げた。なぜなら川村博士が教授になると、二つしか歳が違わない大島助教授は、定年直前まで教授に昇進できないからである。

普通に考えれば、これは〝この学科では、これから先も（私学出身の）あなたを教授に昇進させません（よその大学に転出して下さい）〟というシグナルである。〝最適化理論の分野で最も権威があるジャーナルの編集長を務める国際A級研究者を追い出そうというのか!!〟。

しかし大島助教授本人は、（少なくとも表向きは）一向に気にすることなく、相変わらず優秀な学生を叱咤鞭躍して、研究三昧の生活を送っていた。教授になって雑用まみれの毎日を過ごすより、助教授のままでいる方がいいと思ったのかもしれない。まさに〝研究の鬼〟ならではのことである。

川村教授は、林助教授より二つ年下で、森村教授門下随一の切れ者と呼ばれる秀才である。後輩たちは、ゼミにおける川村先輩の厳しい講評に震え上がったという。博士課程を出た後は森村教授の助手を経て、国立T大の経済学部の専任講師に採用された。

経済学には古くから、「マルクス経済学（マル経）」と「近代経済学（近経）」という二つの流派がある。マル経はマルクス主義者（もしくは社会主義者）の集まりで、近経は資本主義者の集まりである。

この大学では、ほぼ同数のマル経グループと近経グループが、角を突き合わせていた。資本主義社会である日本国の国立大学に、なぜこれほど多くのマル経教員が住んでいるのか。それは、マル経助教授がマル経教授の後任になり、マル経助手がマル経助教授の後任になり、全国各地の大学のマル経教授の弟子が、（コネで）マル経助手に採用されるからである。この無限サイクルは、マルクス主義の総本山が崩壊した後も続くとみられていた。

一方の近経グループは、鉄壁のスクラムを組むマル経グループと違って、アメリカ帰りグループと国産グループに分かれて対立していた。

近経の本場はアメリカである。アメリカ一辺倒の近経教授は、優秀な学生をイェール、ハーバード、スタンフォードなど、アメリカの有力大学に送り出す。自分で博士を育てるのは手間がかかるし、マル経グループとの間でごたごたがある環境より、本場で教育してもらう方が効率的だからである。

大陸送りになった若者は、短ければ三年、長ければ五年がかりで博士号を取る。そして彼らの中で最も優秀だと折り紙をつけられた人が、母校に呼び戻されるのである。

近経・国産グループに組み込まれた川村講師は、三つ巴のバトルに翻弄される羽目になった。教授会の冒頭で、近経・国産グループの学部長が、前回の会議の議事録の承認を得ようとすると、反・学部長のマル経グループがいちゃもんをつける。

議事録確認が終わったあと、議案の審議に入る。ところが、どうでもいい議案でも、どうでもいい意見を長々と開陳する教授がいる。簡単な議案でもこうなのだから、予算の削減や非常勤講師の採用ともなれば、マル経グループ、近一（近経アメリカ帰り）グループ、近二（近経国産）グループがバトルを繰り広げる。

経済学者は、工学部出身者にとってはエイリアンである。二種類のエイリアンに可愛がられると、股が裂ける。川村講師には、（筑波大時代の平野助教授のように）あちこちから難題が降ってきた。研究をやるのは、講義や雑用の合間の細切れ時間だから、なかなか論文はまとまらない。

コンスタントに論文を書いているのは、アメリカから帰ったばかりの若手だけで、教授も助教授も（数学者並みに）年に一編書けばいい方である。ところが、ほとんど論文を書かなくても、四〇歳を超えると誰もが教授に昇進する（工学部の場合は、一定の業績がなければ教授にしてもらえない）。

一方、長期アメリカ暮らしでアメリカ人になった近一助教授は、はじめのうちはアメリカン・スタンダードで論文を書き、アメリカの一流専門ジャーナルに投稿する。ところが、レフェリーの審査に合格するのは二～三編に一編程度である。

一年がかりでまとめた論文に対して、ぼろくそ査定を受けた若手助教授は、奈落の底に落ちる。レフェリーの要求に応えるべく書き直しても、なかなか通してくれない。ボツになった論文は、霊安室送りになる。

三回続けて霊安室に送られると、若者は心肺停止状態になる。この結果近経グループでは、レフェリー付き英文論文は三年に一編程度発表すればオーライ、という合意が成立するのである。

東工大時代には、次々と論文を発表した川村講師は、この大学に来てからスランプに陥った。それまでの研究が一段落したあと、新しいテーマに取り組もうと思っても、様々な雑用が降ってきて、まとまった研究時間が取れないためである。

論文書きは習慣のようなもので、書き出せばどんどん書けるが、一旦書かなくなると書けなくなる。二年に一編程度の論文しか書かなかった川村講師は、〝この大学に勤め続ける限り、それほど多くの論文を書かなくても、四〇歳を超えたあたりで教授にしてもらえるのだから、あまり気にしなくてもいい〟と考えるようになった。

三一歳のエンジニアにとって、経済学部はびっくり箱のようなところだった。しかし、びっくり箱の中で一五年を過ごす間に、川村教授は経済学部カルチャーに染まってしまった。

必ず会議に出席して、最低でも一回は発言し、自らの存在を誇示すること。マル経グループが言うことに穴が無いかどうかを吟味して、もし穴があれば即座にそれを指摘すること。自分の利益にならないことはやらないこと。自分の権利はとことん守ること。無能な人はシカトすること。レフェリー付き論文は、二年に一編発表すれば十分であること、などなど（以上の記述は、当時のT大経済学部の事情に詳しい知人の話をもとに構成したものである）。

様々な苦労を乗りきった川村助教授は、四〇歳になって間もなく教授に昇進した。この時点で川村教授は、定年までこの大学で過ごす運命だと思っていた。ところが思いがけないことに、定年退職した森村教授の後任として、母校に呼び戻されることになったのである。

個人的な付き合いはなかったものの、若いころからOR学会の集まりでしばしば平野教授と顔を合わせていた川村教授は、工学部出身でありながら、文系の一般教育グループに所属する平野教授を、〝経済学者のような厄介な男だ〟と感じていた。

〝東大では博士課程に入れてもらえなかったので、アメリカで博士号を取った、学歴ロンダリング教授だ。しかし、アメリカ製の博士はあてにならない。偉い教授は忙しいから、レベルが低い博士論文でもパスさせるケースも多いらしい。おそらく平野教授もその一人だろう〟と考えていたのである。

平野教授の指導教授であるダンツィク教授は、後に〝二〇世紀のラグランジュ〟と呼ばれることになる大学者である。しかし多忙であるにもかかわらず、よく面倒を見て下さった。そのおかげで三年弱で博士号を取ることが出来たのだが、博士論文の中の重要な定理の証明に瑕疵が見つかった。

平野青年はこの瑕疵を修復すべく三年間格闘したが、結局完全に修復することは出来なかった。〝ウィスコンシン大学で一年を過ごした大島助教授は、平野教授の博士論文に瑕疵があったことを知っている可能性がある。川村教授にこのことを知られたら厄介だ！〟。

第一印象が良くない人物は、概して自分に対していい印象を持っていないことが多い。実際平野教授も、川村教授を〝経済学者のような面倒な奴〟だと感じていた。

近代経済学の基本原理は、〝合理的経済人は、すべからく自らの効用関数（の期待値）を最大化するよう行動すべし〟という、「期待効用最大化原理」である。この原理を信奉する近経学者は、自分の利益にならなければ、頼まれたことをすげなく断る。

近経学者は、（工学部の教えに従って）自分の利益にならないことでも引き受けるエンジニアを、〝引き受けたのは自分の利益になるからだ〟と思っている。だから彼らは、頼まれたことをやってあげても、恩義を感じることはない。

学生時代に経済学者と付き合う機会がなかった川村青年は、経済学部で何にでも反対するマル経学者と、超合理的な近経学者と付き合ってショックを受けた。〝なるべく早く（まっとうな）エンジニアの世界に戻りたい〟。ところが、その機会はなかなか巡って来なかった。

平野教授も近経学者が嫌いだった。だから博士課程の学生には、「経済学部の助手・助教授の就職口があっても断った方がいい。もしほかに口がなければ、三年程度で脱出するよう努力すべきだ」とアドバイスしている。

しかし、経済学者には見習うべき長所もあった。仕事を合理的かつ効率的に進めること。どのような問題に対しても、必ず何らかの意見を述べること。相手を論破するレトリックを身につけていること。やりたくないことをストレートに断ること、など。

このような技術がないために苦労してきた平野教授は、いつもどうすれば彼らのようになれるのか、と考えていた。そして、彼らのようになってしまったら、エンジニアから爪はじきになると思いつつも、長く付き合っている間にその技術（の一部）を身につけた。川村教授が平野教授を〝厄介な男〟だと思ったのは、経済学者の匂いを嗅ぎ取ったからである。

付き合いたくない相手とは、付き合わない方が賢明だが、川村教授にはそうは出来ない事情があった。平野教授は、川村教授が所属する大学院・情報科学専攻会議のメンバーだったからである。

先代の森村教授は理学部数学科の出身である。理学部では、数学・物理・化学などの理系一般教育科目を、数学科・物理学科・化学科に所属するすべての教員が、均等に負担することになっていた。帳簿上は一般教育担当教員でも、専門教育担当教員と全く同じ扱いを受けていたのである（当然ながら、教員採用の際には両者とも同じ基準が採用された）。

平等カルチャーの中で育った森村教授は、一般教育担当の平野教授を差別せずに、専門分野が重なる情報科学専攻会議のメンバーに加えて下さった。一方、〝差別大好き・経済学者カルチャー〟の中で一五年を過ごした川村教授にとって、平野教授は差別に値するB級教授だった。

教育活動の努力が実り、大学院で平野教授の指導を志望する学生が現れたとき、川村教授はこの学生に翻意を促した。

「この学科には（A級の）大島助教授が居るのに、なぜ似たようなことをやっている（B級の）平野教授を志望するのか」

「大島先生のところだと、研究テーマが限られてしまいます」

「君は何を勉強したいのかね」

「ゲーム理論です」

「そのような（役に立たない）研究をやったら、将来後悔することになる（この意見はかなり正しい）。悪いことは言わない。平野先生のところはやめておきなさい」

そして専攻主任に就任すると、ヒマなことを知っているくせに、

「お忙しいでしょうから、これからは専攻会議にご出席いただかなくても結構です。どうしても必要な場合はお呼びしますから」という言辞を弄して、平野教授を事実上専攻会議から閉め出してしまった。

〝一般教育担当のB級教授が、専攻会議のメンバーになっていると、専攻の権威が落ちてしまう。いずれ機会を見て追いだしてやろう〟。川村教授はこう思っていた形跡がある（これは平野教授の被害妄想かもしれないが）。

一方、人文・社会群には二つしかないゼミ室がいつも塞がっているので困っていた平野教授は、

「週に一コマだけ、どこでも構いませんから、現在使われていないゼミ室を使わせて頂けませんか」と川村教授に頭を下げたのに、

「部外者に部屋を貸すと歯止めが無くなるので、残念ながらお断りします」と拒否されたことに憤慨していた。

〝空いているゼミ室はたくさんあるのに、専攻の運営に協力している同僚の頼みを、部外者という理不尽な理由で断るのは仁義にもとるのではないか〞。ところが川村教授にも、ゼミ室を貸すことが出来ない正当な理由があった。

工学部教授が守るべき大事な利権は、予算と設備の二つである。お金が大事なことは、説明するまでもない。しかし恒久的な資産である設備は、変動する予算以上に大事な利権なのである。

工学部の各学科には、よその学科の設備使用状況に目を光らせている偵察犬助教授が住んでいる。偵察犬は定期的に建物を巡回して、誰も使用していないと思しき部屋を発見すると、「部屋が足りなくて困っていますので、暫くうちの学科に貸してもらえませんか」と学科主任に持ちかける。

ここで、〝必ずX年Y月までに返却します〞という学科主任の念書をもらっておかないと、必要になったときに返却を求めても、言を左右にして返してくれない。そして五年もすると、それが既得権になってしまう（大学というところは、既得権の塊のようなところである）。返してくれなくても、そこに住んでいる人を力ずくで退去させるわけにはいかない。居座られたら打つ手がないので、当面は使う必要がなくても、貸与の要望を拒否するのである。

領土死守は、工学部の基本原則である。助手時代にこの原則を体得した川村教授は、〝自分の権利はとことん守る〟という経済学部カルチャーの中で過ごしたことによって、この性向に磨きがかかった。

川村教授にとって、平野教授は招かれざる客、あるいは専攻の運営に〝協力させてやっている〟部外者だった。〝もし部外者に、（現在は誰も使っていない）時間帯にゼミ室使用を認めると、あとで必要になった時に居座られる可能性がある。これを防ぐには、はじめからきっぱり断るべきだ〟。これが川村教授の考えだったのである。

しかし、この些細な出来事によって、川村教授に対する〝面倒な男〟という平野教授の評価は不動のものになった。

平野教授は専攻会議で同席するようになって以来、いつも〝川村教授は面倒な奴だ〟と感じていた。川村教授が赴任するまでは一時間で済んでいた会議が、二時間かかるようになったからである。

またある学会の委員会で、委員長を務める平野教授が、どうでもいい案件について、「会議の終了時間が迫ってきましたので、このあたりで決をとりたいと思います」と提案したところ、川村教授が

「まだ十分議論を尽くしていないので、ここで決めるのは問題です」と反対した。

「もう一回会議を開けとおっしゃるのでしょうか。委員の中には遠方からお見えの方もおら

れますので、都合をつけて頂くのは難しいのではないでしょうか」

「このような重要な件を拙速で決めると、ロクなことになりません」

「分かりました。それでは、もう一回会議を開きましょう」

平野教授が血圧降下剤を服用するようになったのは、このころからである。

川村教授が赴任するまで、平野教授は一般教育担当教員であることに不都合は感じなかった。〝専門担当教員に比べて研究費は少ないが、どうにもならないというほどではない。少数ながら何人かの優秀な学生に研究を手伝ってもらうことができる〟。文系教授は（数学が強い）平野教授には干渉しなかったし、何よりも雑用が少ないことが魅力だった。

そして、大物教授たちが定年退職した後、最年長教授になった平野教授は、定年までここで暮らすのも悪くない、と思うようになったのである。

ところが、川村教授の嫌がらせを受けて気が変わった。〝あいつの嫌がらせを受けるのは、俺がパンキョウ・グループに所属しているからだ。なるべく早く二級市民の集まりから脱け出さなくてはならない〟。

ところがこれは、凱旋門の柱の間を小型飛行機で通り抜けるような難事業である。東工大は、関東地区では東大に次ぐ有力校だから、一級市民に昇格するためには、東大工学部の教授もしくは東工大の専門学科の教授になる必要がある。

東大に呼び戻してもらう可能性はゼロである。東工大の専門学科はどうかと言えば、研究分野が重なる大島助教授がいる「情報科学科」はノーである。「社会工学科」なら呼んでくれる可能性はあるが、この学科にはパワハラ教授がいるので願い下げである。

可能性があるのは「経営システム工学科」だけだが、実用研究一辺倒の森口教授一派を嫌っている松原教授がブロックするだろう。〝筑波からのエクソダスには成功したものの、これから先ずっと川村教授の嫌がらせを受けることになるのか?!〟。

間が悪いことに、平野教授の研究室は川村教授の研究室と同じ建物の同じフロアにあった。講義に出かける際にエレベータを待っていると、川村教授が研究室から出てくることがある。口を利きたくない相手でも、無視するわけにはいかない。

「おはようございます」と平野教授。

「これから講義ですか」

「そうです。先生も講義ですか」

「私は会議です」

「大変ですね」

「――」

年代物のエレベータは、各階止まりの超鈍行で、もちろん学生も乗り込んでくる。敏感な学生は、右の会話から二人の関係が良くないことを感じ取る。この結果、川村教授は平野教授の天敵と呼ばれることになるのである。

六階から一階まで、川村教授の蔑むような視線を浴びたくなかった平野教授は、八〇％以上安全だと思われる時間帯以外は、エレベータを使わずに、九〇段の階段を昇り降りした（おかげで悩みの種だった体重増加はストップした）。

6　二つの大鉱脈

四〇代半ばになって、(三年間で)一一〇〇万円という破格の科研費が当たったB級・平野教授は驚き慌てた。

この当時は、一人の研究者が複数の研究領域に応募することが出来たので、当たる可能性が高い中プロポーザル(三〇〇万円)と、まず当たるはずがない大プロポーザル(八〇〇万円)を申請したところ、その両方が審査をパスしたのである。あまり研究実績がないのに、なぜこのような幸運が降ってきたのか、今もって不思議である。

〝一一〇〇万円もの税金を貰う以上、それに見合う研究成果を上げなければ、国民の皆様に顔向けできない〟。一一〇〇万円ショックは平野教授の脳髄を貫いた。この結果長く眠っていた研究意欲が沸き出してくるのである。

ここに幸運の女神が舞い降りた。一九八八年に東京で開催された「国際数理計画法シンポジウム」で、ベトナム人研究者の発表を聴いていたときに閃いたアイディアを、ウィスコンシン時代に苦しんでいた〝煮ても焼いても食えない〟「NP困難問題」にあてはめたところ、するするのと解けたのである。これがいわゆるセレンディピティーというものだろう。

この結果を記した「線形乗法計画問題」というタイトルの論文は、大島助教授が編集委員を務める国際ジャーナルに掲載された。この問題は、ウィスコンシン時代から平野教授を悩ませてきた「非凸型計画問題」（またの名は大域的最適化問題）の一種である。

非凸型最適化問題とは何か、を一言で説明すれば、〝一年中雲に覆われている島の最高地点に登り、そこに埋まっているはずの宝石を一時間以内に持ち帰る〟という問題である。

一歩一歩山道を登り、頂上に到達したとしても、宝石がみつかるとは限らない。雲の彼方により高い峰があるかもしれないからである。別の出発点から登山を開始すれば、より高い峰に登ることが出来るかもしれないが、これを何度繰り返しても、最高地点に到達できるという保証はない。

ところが線形乗法計画問題という名前の島には一本の鎖が埋まっていて、この鎖を辿っていけば、必ず最高地点に素早く到達できることに気付いたとき、平野教授の心臓は破裂しそうになった。

一方、大島助教授のような主流派研究者が取り組んでいる「凸型計画問題」は、〝高い方向に向かって山を登っていけば、必ず最高地点に到達できることが分かっているとき、どれだけ早く頂上を極めることが出来るか〟という〝煮たり焼いたりすれば食える〟問題である。

一つ難問が解けると、芋づる式に次々と問題が解けた。一生に何度も巡り合えないこのような幸運に恵まれたのは、十数年にわたって、執念深く非凸型最適化問題を追い続けていたからである。

K青年をはじめとする優秀な大学院生と協力して、三年間で七編の論文を書いた平野教授は、四年目に再び八〇〇万円の宝くじを引き当てた。次々と宝くじに当たったのは、多くの論文を書いたことだけでなく、宝くじの当選確率が大きくなったおかげでもある。

平野教授の研究テーマである最適化理論は、数学、統計学、経済学など、多くの分野にまたがる〝学際テーマ〟である。このような研究は、多くの分野に関係するが、どの分野でも中心から外れたテーマだから、科研費申請の審査にあたって冷遇される傾向がある。

ところが、OR学会など四つの学会が組織する「経営工学研究連絡会」の推薦で、学術会議委員に選出された近藤次郎博士（元東大工学部長）が、一九八五年に学術会議会長に就任したおかげで、科学研究費に「社会システム工学」という新カテゴリーが設立され、最適化理論の研究費申請が通りやすくなったのである。

幸運は続けてやってきた。平野教授はアメリカで流行していた「ファイナンス（金融）理論」という鉱脈から、大小さまざまな宝石を掘り出すことに成功したのである（これも線形計画法に関する二冊のバイブルをマスターしていたおかげである）。

一九六〇年代までのファイナンス理論は、経済学者と経営学者の専売特許だったから、エンジニアが入り込む余地はなかった。また経済学者の間でも、ファイナンス理論はマイナーな研究分野として扱われてきた。

ファイナンス理論が、経済学帝国における一級市民として認知されたのは、六〇年代半ばに「CAPM（資本資産価格付け理論）」が出現してからである。金融商品の価格付けの基礎を築いたこの理論は、一九九〇年にノーベル経済学賞を受賞している。

七〇年代に入ると、金融規制緩和によってアメリカではさまざまな新商品――「金融派生商品（デリバティブ）」――が取引きされるようになった。しかしCAPMは、これらの商品の価格付けには役立たなかった。

長い間経済学者を悩ませてきた、デリバティブの価格付けを可能にしたのは、学生時代に物理学と数学を専攻したフィッシャー・ブラック教授（MIT）と、物理学と計算機科学を専攻したマイロン・ショールズ教授（スタンフォード大）が導いた「ブラック＝ショールズ理論」である（この理論は一九九七年にノーベル経済学賞を受賞している）。

ここで用いられた「確率微分方程式」という数学理論は、従来の経済学では使われたことがないものだった。このため、数学や計算が得意なロケット・サイエンティスト（宇宙産業を追い出された物理学者、数学者、OR研究者）が大挙してこの世界に参入した。かくしてファイナンス理論は、経済学と数理工学の最先端分野に躍り出たのである。

東工大に赴任して間もないころ、平野教授は人文・社会群の忘年会で、経済学担当の香西教授からファイナンス理論の研究を勧められたことがあった。

「平野先生は数学が強いので羨ましいですよ」

「私はそれほど強くありません。学生時代は落ちこぼれでした」

「いまアメリカではファイナンス理論が流行していて、数学に強い人が続々この分野に参入しています」

「ファイナンス理論ですか。私はマーコビッツの平均・分散モデルしか知りません」

「経済学における現在の最重要課題は、ファイナンス理論、特にデリバティブ理論です。ところが日本の経済学者は数学の素養が乏しいので、この分野の専門家はほとんどいません。数学が強いあなたのような人には絶好のテーマだと思います」

学生時代の平野教授は、ファイナンス理論の基礎を作った「平均・分散理論」で卒論を書こうと思っていた。しかし、計算機のスピードが遅かったし、データが集まらなかったので、見合わせざるを得なかった。

無縁だったファイナンス理論と接点が出来たのは、東工大に移って一年ほどして、「日本経済研究センター」の祷研究員から、債券取引モデルの解法について相談を受けたときである。

大した実績がなかったにもかかわらず、平野教授は『非線形計画法』（前出）という教科書を書いたという理由で、この分野の第一人者と見られていた。

提示された非凸型最適化問題は、自分の実力でギリギリ解けそうな問題だった。そこで一か月かけて解法を考案し、プログラムを組んだところ、予想通りの結果が出た。そこで祷氏は、知り合いの金融機関にこのソフトをセールスしたが、全く売れなかった。

かくして祷プロジェクトは失敗に終わったのであるが、その二年後の一九八五年にMITで開かれた国際数理計画法シンポジウムでこの結果を発表したところ、二つの銀行から引き合いがあった。〝日本ではだめでもアメリカなら売れるのか?!〟。

「経済学における現在の最重要課題はファイナンス理論だ」という香西教授の言葉を思い出した平野教授は、丸善の洋書売り場に足を運んだ。するとそこには、ファイナンス理論に関する沢山の教科書が平積みされていた。

その中の数冊を買い求め、三か月かけて勉強した結果分かったのは、〝ファイナンス理論はORそのものだ。これなら自分でも何かやれそうだ〟ということだった。

この当時の日本では、デリバティブの取引は禁止されていた。ところが八〇年代後半になると、大蔵省はアメリカの圧力に抗しきれず、金融自由化を受け入れる方向に舵を切った。

慌てたのは、大蔵省の庇護の下で、伝統的な（旧態依然たる）〝金貸し業〟で超過利益を享受してきた金融業界である。〝近々黒船がやってくる。このままでは、われわれは欧米の先進金融機関に蹴散らされる〟と考えた金融機関の経営者は、数学や計算機に強いはずの理工系学生の大量採用に踏み切った。

この結果、八〇年代半ばまでは六％程度で推移していた、東工大生の金融機関への就職率は急上昇し、バブルが頂点を極めた一九八九年には、ほぼ三〇％に達した。これは東工大だけの現象ではない。東大や京大の理工系学部でも事情は同じだった。

多数の理工系学生が、〝（危険、きつい、汚い）３Ｋ職場より、高給でクリーンな都心のオフィスへ〟という惹句に惹かれて、ペーパー産業（銀行・証券・保険）に吸い寄せられた。製造業の兵站基地を任じる工学部の教授たちは切歯扼腕し、金の卵をペーパー産業にかすめ取られた製造業の経営者は、理工系大学に善処するよう申し入れた。しかし彼らに打つ手はなかった。

このような状況の中で、全く金融に関する知識がない学生が、徒手空拳で金融ビジネスに参入することを憂慮した平野教授は、一般教育・統計学の後期の講義を、ファイナンス理論に充てることにした。

一口に理工系の学生と言っても、化学系や建設系の学生は数学や計算機に強い人ばかりではない。入学したときは好きだった数学が、無慈悲な数学科教授のおかげで、嫌いになってしまう学生が多いのである。〝そのような学生が金融機関に就職すれば、ミスマッチが起こる。それを避けるためには、学生たちに金融ビジネスの実態を伝える必要がある〟。

またこの頃、高校時代の友人に誘われて、『週刊新潮』で一般読者に対する投資理論の解説を行うために「大学教授の株ゲーム」という記事を連載することになった。平均・分散モデルから始まって、ＣＡＰＭ理論やブラック＝ショールズ理論などを、分かりやすく解説するのが目的である。

東工大の現役教授がこのような記事を書けば、モノづくり教授たちから批判されるのは必至である。面と向かって非難する人はいなかったが、学内には平野教授に対する批判の声があふれていた。

「エンジニアはお金のことを考える必要はない（答え：時代が変わったのです）」

「金もうけのために、研究者の魂を売ったのか（答え：●●学者と違って、そのようなことは致しません）」

「理工系学生を金融ビジネスに売り渡す手伝いをしている（答え：金融ビジネスに向かない学生を引き留めているつもりです）」

「人文・社会群にはこれまでもおかしな奴がいたが、平野ほど有害な奴はいなかった（答え：もっと有害な人もいましたよ）」

高校時代の先輩である岩村教授（応用化学）は、「平野君、あのような記事を書くと後々祟りますよ」と忠告してくれたが、出版社との契約があるので、すぐに打ち切るわけにはいかない。

〝ひとたび貼られた「株屋教授」、「ペーパー産業の手先」というレッテルを剥がすのは容易でない。それより、この際本気でファイナンス研究に取り組み、わが国のファイナンス理論を欧米の水準に近づけるべく努力すべきではなかろうか〟。

こう思っていたところに、人事係長から電話がかかってきた。

「文部省本省の課長さんから、先生の週刊誌連載についてクレームがつきましたので、なるべく早く中止していただけませんか」

このとき平野教授は、末松工学部長（のちの学長）がモノづくり教授たちのクレームを、人事係長を通じて株屋教授に伝えたのではないかと推測した。文部省本省の課長は、この程度のことに口を挟むほど暇ではないからである。

平野教授が、逆風の中で金融工学に本格的に取り組む気になった理由は、これ以外にもあった。

一つ目は〝一万人に一人の天才青年〟白川浩博士の出現である。

大物教授が次々と定年で大学を去った後、人文・社会群で最年長者になった平野教授は、大学に奉職して一五年目に、人文・社会群に五人しか割り当てられていない助手を採用できることになった。そこで、いつも通り林助教授に相談したところ、白川青年を紹介された。

この頃の経営システム工学科では、五人の大物教授がバトルを繰り返していたため、学生が博士論文をまとめても、なかなか審査委員会をパスしなかった。したがってほとんどの学生は博士課程への進学を見合わせ、企業に就職した。白川青年はこの学科で、実に七年ぶりに博士号を取得した大秀才である。

白川青年は博士課程を出たあと、新設私大に採用されることが決まっていたのであるが、先方の都合で採用が二年先送りされたので、それまで預かってもらえれば助かる、ということだった。白川青年の博士論文は待ち行列理論に関するものだから、平野教授の研究には接点がないが、二年だけの話だからかまわないと思って採用した。

ところがこの青年は、研究しつくされた感がある待ち列理論から、将来性があるファイナンス理論に転進しようと考えていた。

確率論の素養がある白川助手にとって、ファイナンス理論は自家薬籠中のものだった。毎日研究室に閉じこもり、年間四〇〇〇時間以上研究に励んだ結果、一年もしないうちに世界的に評価される論文を発表するのである。

最適化理論を用いたファイナンス理論（資産運用理論）と、確率論を用いたファイナンス理論（デリバティブ理論）は、金融工学の両輪である。〝二人が協力すれば、東工大をわが国における金融工学の中心地にできるのではないか〞。

白川助手はたぐいまれなる数理的才能と、常人離れした言語感覚の持ち主だった。この人によれば、東工大の教授は天才と無能の二種類に分類できるという。『非線形計画法』（前出）という教科書を書いた平野教授は、今のところ天才グループに分類されているが、怠けていると無能グループに放り込まれる。このため平野教授は、本気でファイナンス研究に取り組まざるを得なくなったのである。

二つ目の理由は、スタンフォードで机を並べた友人たちが、スタンフォード、ハーバードなど一流大学のビジネス・スクールで、ファイナンス担当教授として活躍していたことである。特に宿題解きの合間に草野球を楽しんだマイケル・ハリソン教授（スタンフォード大学）が、ファイナンス理論における大定理を証明した功績で、ノーベル経済学賞候補に取りざたされているというニュースは、平野教授の脳みそを強く刺激した。

〝デリバティブ理論でこの人に対抗することは出来ないが、資産運用理論であればなんとかなるのではないか〟。

三つ目の理由は、スタンフォードで同期だったスタンリー・プリスカ教授（イリノイ大学）が編集長を務める新ジャーナル『Mathematical Finance』の編集委員に迎えられたことである。

四つ目は、欧米におけるファイナンス研究の隆盛に合わせて、日本ＯＲ学会に「投資と金融のＯＲ」という研究部会が設立され、平野教授がその主査を務めることになったことである。

ＯＲ学会の中では、従来一ダースほどの研究者がファイナンス理論を手掛けていた。しかし彼らは、エンジニア集団の中では継子扱いだった。反・金融工学の立場を鮮明にする主流派研究者の批判を浴びてまで、火中の栗を拾おうとする人はいなかった。このため、主査の人選を任された平野教授本人が引き受けざるを得なくなったのである。

主査になったからには、率先してファイナンス研究に取り組まなくてはならない。かくして平野教授は白川助手と手を携えて、不退転の覚悟でこの研究にコミットすることになった。そして反・金融工学エンジニア諸氏の反感を買うことになるのである。

そこで一つ例を挙げよう。債券取引モデルの最適化に関する新手法を提案したとき、四大銀行の一角を占めるＳ銀行のエンジニアから、平野教授グループが開発したソフトウェアを使わせてもらえないか、という依頼があった。自分たちが開発した手法が実務に役立つのであれば、これほど嬉しいことはないと考えた平野教授は、無償でソフトウェアを提供した。

その数か月後、Ｓ銀行は〝東工大との共同研究〟に関する記者会見を行った。日経金融新聞の一面に載った記事を見た金融ビジネス関係者は、Ｓ銀行から東工大と平野教授に一億円単位のお金が提供されたに違いないと考えた。業界雀によれば、Ｓ銀行はこのソフトを使った債券取引で、数億円の収益を上げたということだ。

では実際にいくらもらったのか。ソフトウェアのチューニング作業を手伝った大学院生に対する五〇万円のアルバイト代と、平野研究室に対する奨学寄付金一〇〇万円、ザッツオールである（このとき以来平野教授は、銀行というものに対して拭い難い不信感を抱くようになった）。

この当時、電機、機械、化学などモノづくり産業は、金融ビジネスが理工系学生を大量にスカウトすることにいら立っていた。そこに飛び出した、〝東工大とS銀行の共同研究〟という爆弾。この記事を見て驚いた末松学長（元工学部長）は、平野教授に電話をかけてきた。

「平野先生。S銀行と共同研究をおやりになるのはご自由ですが、東工大全体がS銀行に協力していると思われるのは不本意です。メーカーの経営者を刺激すると面倒なことになりますので、ご注意ください」

「大学との〝共同研究〟という記事は事実と違います。われわれが開発した債券取引ソフトを提供する見返りに、奨学寄附金一〇〇万円を頂戴しただけです。いわばS銀行はわれわれの研究にただ乗りしたのです。すでにS銀行には、事実と反する旨申し入れをいたしました。担当者に問い合わせていただければ、その事実関係が明らかになるはずです」

「分かりました。しかしこれからは、あまり目立たないようにやってください」

エンジニアだけでなく、デリバティブ理論に決定的役割を果たした、確率微分方程式理論を組み立てた伊藤清教授（京大）をはじめとする偉い数学者も、金融工学がお嫌いだった。

のちに「日本応用数理学会」の中に「数理ファイナンス研究会」が設立され、学会の副会長を務める伊理教授（東大）の依頼で主査を引き受けたとき、学会長の山口昌哉教授（京大）から、「学会の主要メンバー（数学者）の中には、お金の研究が嫌いな人が多いので、あまり目立たないように活動してください」という、腰を抜かすような申し入れを受けている。

平野教授が応用数理学会の副会長を務めたとき、理事諸氏（応用数学者）の多くは、金融工学の旗を振る平野教授に冷たい視線を浴びせた（副会長経験者の大半は、のちに学会のフェローに選ばれているが、平野教授にはお声がかからなかった）。これは故無き事ではない。

まずは、すでに書いたとおりバブル景気の中で、金融機関が理工系学生を大量に攫っていったことである。理工系大学に勤める教授の大半は、モノづくり産業を支えるために働いている。大事な金の卵の三人に一人をペーパー・ビジネス（銀行、保険、証券）に盗み取られた教授たちは、激怒していた。

またファイナンス理論の専門家を名乗る経済学者の中には、自らは研究せずに、海外の研究成果を銀行に受け売りして金儲けに精進する、お抱え学者が少なくなかった。かつて東大経済学部長を務めた小宮龍太郎教授は、ある雑誌で「日本経済新聞は経済学者をスポイルしている」と書いていたが、平野教授は「日本の金融機関はファイナンス研究者をスポイルしている」と思っていた。

ファイナンスの世界に本格参入したエンジニアは、お抱え経済学者たちにとって目障りな存在だった。彼らの領空侵犯を防ぐにはどうすればいいか。お抱え学者集団のドンが思いついたのは、エンジニア集団の頭目である平野教授を懐柔して、自分たちの陣営に取り込むことだった。

本来であれば、エンジニアも経済学者と協力して、日本の金融ビジネスのために戦わなければならないところである。しかし、そうすれば自分たちもお抱え学者にされてしまうことを恐れた平野教授は、協力を断った。この結果平野教授は、お抱え学者集団の敵になった。

このように書くと、平野教授は四面楚歌だったと思われるかもしれないが、それはちょっと違う。少ないながらも東工大にも何人かのシンパがいた。林教授、枝野教授、大島助教授、白川助手、何人かの優秀な学生。また学外にも統計学者や金融ビジネスに勤めるエンジニア集団など、強力な援護部隊が生まれていたのである。

「大域的最適化法」と「金融工学」という二つの鉱脈から大小さまざまな宝石を掘り出した平野教授は、科研費獲得戦争で連戦連勝を続けた。審査員（中堅の研究者）は、毎年三編以上の英文論文を発表している有力大学の教授が提出する申請書には、バツ印を付けにくかったのではなかろうか。

〝どちらの鉱脈にも、まだ多くの宝石が埋まっているはずだが、発掘作業を手伝ってくれる大学院生は二人しかいない。嗅覚が鋭い若者たちが付近をかぎまわっているから、急がないと彼らに先を越されてしまう〟。焦った平野教授は、経営システム工学科の林教授に大学院生の派遣を依頼した。

林教授は、大島研究室に里子に出そうと思っていたY青年を紹介してくれた。この後三年間、平野教授は数人の大学院生と協力して毎年五編の論文を書き、国際的に名前を知られるようになった。

ウィスコンシンで平野青年に許しがたい侮蔑の言葉を浴びせたフー教授と顔を合わせたのは、一九九一年、場所はウィスコンシン大学と同じく、ラストベルトに位置するミシガン大学である。

フー教授の講演を聞いた平野教授は、〝やらない方がいいような〟研究発表に愕然となった。三〇代に「組み合わせ最適化」という漁場で次々と大魚を釣り上げたフー教授は、六〇歳を前にして長期スランプに陥っていたのである。その理由は、この漁場には人力で釣り上げることが出来る魚がいなくなったことである

日本と違ってアメリカの大学では、論文を書かない教授は、夏の間三か月間無給になる。そこで業績稼ぎのために、二〇年前であれば絶対に書かなかったはずのジャンク論文を書いたのだ。

平野教授は、「非線形乗法計画問題」に関する発表の後フー教授に言葉を掛けた。

「お久しぶりです。私のつまらない発表を聞いていただき光栄です」

「君の研究には将来性があるよ」

「お褒め頂き恐縮です。昔々ある大先生に、やらない方がいい研究だと酷評されたことがありますが、その研究を続けたおかげで、大きな鉱脈が見つかりました」

「その大先生は先見の明がなかったわけだね」

「その通りです（この●●●●！）」

積年の恨みを晴らした平野教授は、〝これから先もペースを落とさずに、将来性があるテーマで論文を書き続ければ、このところスローダウン気味の大島助教授と肩を並べることが出来るかも知れない〟と考えた。

ところがどっこい、大島助教授は新しく出現した「半正定値計画問題」という大漁場で巨大なカジキを釣り上げ、平野教授を引き離しにかかった。

7　学長補佐

一九八九年の春、雲の上から電話がかかってきた。

「もしもし。学長秘書の浜村ですが、末松学長がお願いしたいことがあるとのことです。お時間が許せば、今日のお昼休みに学長室までご足労願えないでしょうか」

「どのようなご用件でしょうか」

「それについては、学長に直接お尋ねください」

二級市民から見れば、学長は雲上人である。事実、過去七年の間に学長と言葉を交わしたのは二回だけである。

一回目は東工大に赴任した直後に、松田武彦学長にご挨拶に伺ったときである。この人は森口教授のライバルで、松原教授を東工大に招いた人である。そのようなわけで、面会は一言、三言で終わった。

二回目は赴任して五年目に、田中学長から「中国科学技術大学」への出張を依頼されたときである。文革の際に、北京から安徽省合肥というド田舎に下放されたこの大学が、東大工学部の久米均教授を通じて東工大に教員の派遣を依頼してきたのだが、一級市民諸氏は多忙を理由に、このようなバカバカしい仕事は引き受けなかった。

（ひまを持て余している）二級市民なら行ってくれるかもしれないと考えた田中郁三学長が、ダメもとで人文・社会群主任に依頼したところ、主任は本人の了解を得ずに平野教授を推薦した。寝耳に水とはこのことだが、学長の依頼を断ることは出来ない。

文革が終焉したばかりの中国は、まことに悲惨なところだった。この国がこの後四半世紀の間に日本に追いつき追い越したのは、日本の支援によるところが大きい（平野教授も虚《むな》しい仕事の一翼を担わされたわけだ）。

末松安晴現学長は、東工大の保守本流である「電気帝国」の帝王で、光ファイバー通信のパイオニアとして、世界的に名前を知られた研究者である（二〇一五年には文化勲章を受章している）。帝王と呼ばれるのは、歴代学長の中で最も独裁色が強い人だからである。

末松学長は金融工学に関して、二回にわたって平野教授に警告を行ったコワイ人である。一回目は工学部長時代の、週刊誌連載自粛勧告。二回目は学長になってからの、S銀行との共同研究に対する警告。

今回の用件は何か。平野教授が主査を務めるOR学会の「投資と金融のOR研究部会」が、マーコビッツ教授やブラック教授など、内外のノーベル賞級の研究者を招いて、東工大の百周年記念会館で研究会を開いていることに関するクレームか。
それとも、ＡＴ＆Ｔベル研究所の線形計画法特許について、通産省や特許庁に盾ついている
ことに関する自粛要請か。この頃の平野教授は、わが国で初めて認可された〝数学特許〟、す
なわち「カーマーカー特許」を無効化すべく、特許庁・通産省と闘っていた。
恐る恐る学長室のドアをノックすると、大柄な末松学長が笑顔で平野教授を招き入れた。
「遅くなりました」
「お忙しいところご足労頂き恐縮です。早速ですが、学長補佐をお引き受けいただけないで
しょうか」
「学長補佐ですか？　私のような者でよろしいのでしょうか」
「香西先生がおやめになるとき、後任としてあなたを推薦したいと言っておられました」
香西教授は三年前に、政府の審議会の委員に就任することを理由に、学科主任の当番を平野
教授に押し付けた経済学担当教授である。あのときは「交代していただいたお礼に、銀座マキ
シムでフランス料理のフルコースをご馳走します」と言っていたのに、約束を果たす前に官庁
エコノミストの垂涎の的である「日本経済研究センター」の理事長に転出した。
学科主任はいずれ回ってくる仕事だし、実働年間五〇〇時間程度の業務だから、マキシム一
回で勘弁してあげてもいいが、一度口に出しておいて忘れたふりをするのはいかがなものだろ

う（この人は約束を果たすことなく、二〇一八年に他界された）。

学長が指名した一〇人余りの補佐のほとんどは、モノづくりエンジニアである。その中で個人的な知り合いは、木村孟工学部長と辻井重男図書館長の二人だけで、それ以外の補佐（大平は役職者）は、金融工学の旗を振っている〝跳ね上がり〟一般教育担当教授を胡散臭そうな目で見ていた。

毎月一回開催される補佐会では、様々な諮問事項に対する意見を求められる。しかし学長の意に染まない意見を述べると、叱責を受ける。そこで平野教授は、ひたすら頭を低くして時間が過ぎるのを待つことにした。ところが早くも二回目に大問題が降ってきた。

半年前に定年延長問題の分析を依頼されていた大村補佐が、「学長が定年を延長すべきだと考えるのであれば、延長すればよろしい」というわずか二行の報告書を提出した。これはワンマン学長に対する痛烈な皮肉である。報告書を手渡された学長は怒鳴った。

「この報告書は受け取れない。書き直しなさい！」

「私にはこれ以上のことは書けません」

「よろしい。そういうことであれば、もうあなたには何も頼まない。誰かこの仕事を引き受けて下さる方はいませんか」

〝手を挙げる人がいるはずないだろう〟と思ったが、なんと。

「いませんか。それでは平野先生、突然で恐縮ですがお引き受けいただけませんか」

「エッ。私ですか？」

「他の皆さんには、いろいろな仕事をお願いしてありますので、よろしくお願いします」

〝これは金融工学の旗を振り、特許庁や通産省にクレームをつけていることに対する懲罰ではないか。断ったら何が起こるかわからないから、引き受ける方が賢明だ。学長は定年延長を望んでいるということだから、その意向に沿う報告書を書けば、突き返されずに済むだろう。伝家の宝刀「ＡＨＰ（階層分析法）」という手法を使って、二〜三〇〇人の教員に対するアンケートを実施すれば、大半の教員が定年延長を支持していることが明らかになるに違いない〟。

「分かりました。どのくらいのお時間をいただけるでしょうか」

「六か月以内に報告書をまとめてください」

このあと丸四か月、平野教授は研究を中断して、定年延長問題に取り組んだ（この仕事に要した時間は約六〇〇時間である）。

五か月目に提出した一五〇ページの報告書を読んだ学長は、「よくできた報告書だ」とほめて下さった。学長と親しい辻井教授は、「末松さんが他人をほめるのは滅多にないことだ」と言ってくださったが、「六〇歳定年を六五歳に変更すべきである。その理由はかくかくしかじか」という答申内容はスルーされた。四か月の努力は徒労に終わったわけだが、平野教授は報告書を突き返されずに済んだだけで満足すべきだ、と思っていた。

補佐会ではしばしば東工大の将来に関する問題が取り上げられた。

平野教授が学生だったころ、理工系大学はわが世の春を謳歌していた。政府が科学技術振興のために、理工系大学の拡充に乗り出したからである。この結果、一九六〇年代初めから十数年にわたって、〝数学が嫌いでない人は理工系大学へ〟という合言葉のもとに、多くの若者が理工系大学に吸引された。

学生数が増えれば、それに比例して教員数も増える。この結果東工大の規模は、二〇年前に比べて二倍以上になった。二一世紀に入って、日本からノーベル賞受賞者が続出しているのは、この時代の科学技術重視政策が実ったおかげである。

ところが八〇年代後半になると、風向きが変わった。株価の急上昇（いわゆるバブル）に伴い、学生たちは〝3Ｋ〟理工系学部を敬遠して、労少なく益多い経済学部や労多く益も多い法学部を志望するようになった。かつての、「数学が嫌いでなければ、理工系大学へ」が、「（数学が好きでも）英語ができれば、経済学部や法学部へ」に変わったのである。

ここに少子化という厄介な問題が加わる。受験者の減少に伴って、私立大の工学部の中には、規模縮小に追い込まれるところが出てきた。本来であれば理工系大学に進むべき若者が、法学部や経済学部を志望するのは由々しきことである。

危機感を覚えた東工大は、末松学長のリーダーシップの下で、さまざまな対策を講じた。入学試験の多様化、履修時間の削減、実験室の安全性向上、女子学生の優遇、奨学金の拡充、などなど。

これらの対策の多くは時宜を得たものであるが、平野教授は履修時間の削減に違和感を覚えた。卒業までの四年間に、一二四単位を履修することになっているのだが、数学などの演習は二コマで一単位、物理や化学の実験は三コマで一単位というのが、理工系大学におけるスタンダードだった。このため履修単位数は同じでも、実質的なロードは文系学部より三割以上多かったのである。

末松学長は総履修単位数を変更せずに、演習は一コマで一単位、実験は二コマで一単位と計算することによって、学生の負担を一〇％程度削減するとともに、土曜日を休日にするという提案を行った。

アメリカの大学に留学する際に受けた数学のＧＲＥ（Graduate Record Examination）で、平野青年は偏差値七五を上回る成績を取ったが、これは工学部時代のハード・トレーニングのおかげである。この当時の工学部では、月曜から金曜までは朝八時から五時まで、土曜も午後三時まで講義・演習・実験があった。

もし数学演習の時間が半分に減らされたら、学生の実力は大幅に低下する。日本の将来を考えたとき、これは由々しき問題ではないだろうか。こう考えた平野教授は、演習時間の半減に疑義を呈した。しかし、末松学長は聞く耳を持たなかった。

予想通り履修時間の削減は学力低下をもたらした。その証拠は、二〇〇〇年代に入って、アメリカの一流大学の理工系大学院に合格する日本人学生が激減したことである。日本に代わってシェアを伸ばしたのが、今も学生にハード・トレーニングを施している中国や韓国である。理工系大学の頂点に位置する東工大では、理工系離れや少子化の影響は軽微だったことを考えると、これは間違いだったのではないだろうか。

この当時世間では、工業（製造業）は危険で、きつくて、きたない〝3K業種〟と揶揄されていた。実際、製造業に勤めるエンジニアは、工場の片隅にある危険と隣り合わせのプレハブ建物の中で、作業着姿で仕事をしていた。

経営者は、一流大学卒のエンジニアも、高卒のエンジニアと同じ勤務環境で働く方が、一体感を生むうえで望ましいという理由で、劣悪な作業環境で仕事をさせていた。

その上、製造業に勤めるエンジニアは、製造業のお蔭で食べている銀行、商社、広告業などに勤める人たちに比べて、みじめなほどの安月給である。マスコミでは、安月給のYを付け加えて、〝3K1Yの製造業〟という言葉まで使われていた。平野教授は、製造業の劣悪な作業環境と安月給こそが、学生の理工系離れを招いた最大の原因だと考えていた。

〝産業界の中で、工業の地位が低落を続ける中で、東工大もＭＩＴ（マサチューセッツ工科大学）のように、企業経営、ＩＴ、流通、金融、知的財産などの分野をより重視すべきではないか。そしてそのためには、工場や煙突を連想させる工業大学ではなく、新しい時代にマッチした、魅力的な名前をつける必要があるのではないか〟。

実際この時代に工業大学を名乗っていたのは、工業がわが国の将来を担っていた時代に設立された大学だけで、八〇年代以降に設立された理工系大学は、科学技術大学、先端技術大学、工科大学などの名称を使っていた。また工業大学という名前を工科大学などに変更したところもある。

このような声を受けた末松学長は、補佐会で名称変更問題を取り上げた。ところが予想通り、工学部の保守本流を任じる「土・機・電・化（土木・機械・電気・化学）」グループの補佐から、強い反対意見が出た。

「わが国の製造業（工業）は、今なお世界一の実力を持っている。現在の異常な円高が収まれば、たちまち復活する」

「ＩＴ、流通、金融のような〝モノを生み出さない〟産業が、一億の日本国民を養っていけるのか」

「日本人にとって、モノづくりは永遠である」

「製造業の実態を知らない評論家や、マスコミのデマゴーグに踊らされるのは愚だ」

「実態が変わらないのに、名前だけ変えても意味が無い」、などなど。

一方、工業（モノづくり）から一定の距離を置く情報科学、生命科学、理学分野のメンバーは、名称変更に理解を示した。

「煙突をイメージさせる工業大学は、いずれ若者に見放される（もう見放されている）」

「工学はモノづくり（工業）だけでなく、あらゆる産業に応用されている」

「名称変更を機に、新たな分野への展開を図るべきだ」

「名前だけ変えても意味がないと言う人もいるが、名は体を表すという言葉もある」

まっ二つに割れた意見をまとめるのは難しいと判断した学長は、議論を打ち切った。

補佐会が散会した後、平野教授は変更するとしたらどのような名前がいいかを考えてみた。いくつかの案が浮かんだが、これはという名称は、既にほかの大学が使っていた。一晩考えた結果名案が浮かんだ。「東京興業大学」がそれである。

かつてわが国には、「日本興業銀行（興銀）」という大銀行があった。ワリコー（割引興業債券）の発売元として、一般国民にも広く親しまれたこの銀行は、「Japan Industrial Bank」という英語名が示す通り、（工業のみならず）あらゆる産業の発展に貢献して、国家政策にも影響を及ぼす大銀行に成長した。

各界に有為な人材を送り出した興銀は、文系大学生の就職先として、大蔵省に並ぶ人気を誇った。ところが経済成長に伴い、民間企業が体力をつけたため、長期資金融資に対するニーズは漸減した。この結果、興銀の経営は徐々に悪化した。

そして、不正融資事件や住専問題などの不祥事が祟って、バブル崩壊後の銀行統・廃合旋風の中で、富士銀行、第一勧業銀行との合併を余儀なくされるのである。

〝多様な新産業を興す「東京興業大学」なら、二一世紀の東工大にふさわしい。それにこの名前であれば、トウコウダイというニックネームを変更せずに済む〟と考えたが、平野教授にはこれを提案する勇気がなかった。

「(吉本興業を連想させる)東京興業大学だと、お笑い大学だと思われてしまう」

「スキャンダルで経営不振に陥っている銀行の名前を提案するのは、見識がなさすぎる」

「東工大に対する忠誠心がない外様・株屋教授が、こういうところで点数稼ぎをするのはけしからん」などと批判され、〝お笑い・株屋教授〟と呼ばれることを警戒したためである。

この結果東工大は二一世紀の今も、煙突のイメージとともに生きている(平野教授は古希を過ぎた今もなお、この名称を提案しなかった勇気のなさを不甲斐なく思っている)。

8　一級市民

東工大に移籍して一二年目のクリスマス・イブの夜遅く、ビールを飲みながらニュース番組を見ていたところに、経営システム工学科の松原教授から電話が掛かってきた。

工学部教授という人種は、日曜以外は毎日大学に出勤しているので、よほどの緊急事態でない限り、大学関係者から自宅に電話が掛かってくることはない。

「経営の松原です。夜分遅くすみませんが、急いでお知らせしなければならないことがありますので、お電話しました」

「どのようなことでしょうか」

「先ほど開かれた人事委員会で、あなたをうちの学科にお招きしようということになりました」

三カ月ほど前に、林教授から移籍をサウンドされたことがあった。この時は「もし招いていただけるのであれば、前向きに考えます」と返事した。本当は「喜んでお受けします」と言いたかったところだが、格好をつけて「前向きに考えます」という表現を使ったのである。

経営システム工学科は、金融工学に強い反感を抱いている機械工学系グループに属している。それにこの学科には、古くから経営財務講座が設置されていて、財務・会計理論の専門家である古川教授がその講座の教授を務めている。

財務・会計理論は金融工学と密接なつながりがあるから、平野教授が加わると学科の勢力バランスが崩れる。したがって移籍は難しいだろうと思っていた。

「それは驚きました」

「あなたとは先輩後輩の間柄なので、率直に申し上げましょう。この件はあなたの方から断って頂けないでしょうか」

「どういうことでしょうか」

「今回の人事は、今年春に定年退官された山下教授の後任人事なのですが、山下教授は自分の講座の助教授である川島君の昇任を強く希望されていました。私もそれが妥当だと思っていました。ところが林君たちはそのことを知りながら、この際学科として新機軸を打ち出すべきだと主張しました。

つまり、プロセス管理のポストを金融工学に振り替えようというのです。しかし私は、一般教育であればともかく、うちの学科が金融工学を正式に手がけることには反対なのです。あなたもご存じの通り、機械系グループの大半も金融工学には否定的です。

ところが、私の重ねての説得にもかかわらず、林君たちは意見を曲げようとしませんでした。議論は平行線をたどりましたが、そろそろ最終決定を行わなければならない時期になりましたので、今日会議を開いて投票を行ったところ、あなたの得票が過半数を占めました。

選考委員長としては、その結果をお伝えしないわけにはいきません。しかしあなたに来られると、機械系グループの中で混乱が生じかねませんので、辞退して頂きたいのです」

「先生のご意見は分かりました。しかし三カ月ほど前に、林先生から移籍の件についてサウンドされたときに、招いて頂けるのであれば前向きに考えたい、とご返事しました。ここでお断りすると、林先生との約束に違反することになります」

「事情が変わったので受けられない、と言えば済む話でしょう。もう一つ申し上げましょう。川島君が教授にならないと、助手の藤村君は当分、あるいは永遠に助教授に昇任できなくなります。彼は一五年にわたって、この学科に尽くしてくれました。いわく言い難い問題の処理も引き受けてくれました。今回助教授になれないと、問題を起こす可能性があるのです。そのあたりもお考えいただけないでしょうか」

平野教授も学生時代に、教授の命令で厄介な仕事を任されている助手のボヤキを聞かされたことがある。厄介な仕事の代表は、カラ出張やアルバイト謝金のピンハネで手にしたお金を、研究室行事などに充当すること、使い残した科研費を業者に預けておいて、次年度に使うこと、エトセトラである。助手は教授の命令とあれば、やりたくないことでもやらなくてはならないのである。

しかしこのようなことは、（この当時は）どこの大学でもやっていることである。それでは〝曰く言い難い〟仕事とは何か。研究費の私的流用やセクハラなど、犯罪行為のもみ消しではなかろうか。藤村助手は、助教授昇進を餌に、このような問題の処理を請け負わされていたのかもしれない。

「いわく言い難い問題ですか。どのような問題なのかよく分かりませんが、林先生はそのあたりのことを十分ご承知の上で、私の人事を支持されたはずです。そうである以上、いまここで辞退するわけにはいきません」

「まだ時間に少々余裕がありますので、今年一杯良くお考えいただけないでしょうか」

「明朝林先生とご相談したうえでご返事したいと思います」

「私が辞退してほしいと言ったことは、内密にお願いします」

「分かりました」

人事委員長が独断で、委員会で決まった候補者に辞退を迫るのは、国立大学ではありうべからざる不祥事である。〝余程切羽詰まった事情があるのか。それとも森口教授一派で金融工学の旗を振っている俺が嫌いなだけか。

（機械系グループの一員である）経営システム工学科に移籍すれば、反・金融工学勢力と学科内の厄介な人間関係に悩まされるだろう。また筑波時代のように、様々な雑用で時間を取られるだろう。

しかし今回の移籍人事は、二級市民グループから抜け出す最初で最後のチャンスだ。あの学科には、出来がいい学生が揃っているから、彼らと協力すれば、年間五編以上の論文を書き続けることが出来る。いろいろ面倒な問題があるだろうが、このチャンスを見送るわけにはいかない〟。

翌朝平野教授は林教授に電話した。

「昨晩松原教授から、人事委員会の件でご連絡をいただきました」

「予想以上に時間がかかってしまいましたが、お受けいただけますよね」

「大変光栄なことだと思っています。私の人事に反対された方もおられるようですが、精一杯頑張りますのでよろしくお願いいたします」

「反対されたのは松原さんだけです。他の皆さんは、全員平野先生のシンパですから、ご安心ください」

平野教授は松原教授が辞退を迫ったことについては触れなかった。松原教授は一年ほど前に、教授選考委員長を務めた小山教授が、就任後一年もしないうちに東大に引き抜かれた際に、学長から叱責を受けたということだ。今回の件が明るみに出れば、譴責処分を受ける可能性がある。〝先輩をそこまで追い詰めることは避けたい〟。

この後平野教授は松原教授にも電話した。

「昨晩の件ですが、お受けすることにいたしました。先生はご不満でしょうが、ご了承ください」

「私の意図を汲んでいただけなくて残念ですが、これから先はせいぜい友好的にやりましょう」

かくして平野教授は、絶対に不可能だと思っていた凱旋門の柱の間を通り抜け、一級市民の仲間入りを果たしたのである。

移籍した後、松原教授との関係は友好的とは言えなかった。時折チクチクとやられることもあったが、松原教授は二年後に定年退職することになっていたので、それまでの辛抱だと思って受け流すことにした。

ここで、危うく松原教授とつかみ合いになりかけた事件を紹介しよう。松原教授の定年退職を前にして、熱海の温泉旅館で恒例の忘年会兼退職教員送別会が開かれた。お酒やつまみは持ち込み自由という条件なので、事務職員が近所の酒屋から日本酒、洋酒、ワインなどを大量に買い付けた。

五時から始まった宴会で飲み続けると、一〇時ころには呂律が回らない教授が発生する。酩酊した教授に助手がさらに酒を注ぐ。一〇時を回ったころ、酩酊した松原教授が、数人の教員と事務職員の前で、平野教授に絡んだ。

「平野君。君は教授懇談会で、私のことをボケ老人と呼んだだろう。先輩に対する礼儀をわきまえない無礼者!!」

黙ってやり過ごせばよかったのだが、これまたかなり酔っていた平野教授は、カウンター・パンチを繰り出した。

「ボケ老人と呼んだことはありません。何度否決されても、同じ話を持ち出されるので、『そんなことをやると、ボケたのではないかと思われますよ』と申し上げただけです」

「ぼけたと言ったのと同じことじゃないか！」

間もなく定年を迎える松原教授は、自分がいなくなった後、弟子である助教授と助手がどのように処遇されるか心配していた。このままでは、古典的な研究をやっていた山村教授の後任として平野教授が招かれたように、弟子たちの昇進が見送りになる可能性がある。

退職後に自分の弟子たちが放逐されるのを防ぐためには、しばらく前に東大の先端研に引き抜かれた小山教授の後任として、自分のシンパを連れてくる必要がある。

ところが松原教授が推すW教授は、勤め先の大学で大変評判が悪い人だった。具体的なことは差し控えるが、W教授の同僚から様々な悪い情報が伝わってきた。このためこの人事は、賛成一、反対三、棄権一で否決された。

しかし松原教授は次の教授懇談会で、そのまた次の懇談会でもこの人事を蒸し返した。エンドレスな議論にうんざりした平野教授は、ついうっかり〝ボケ〟という言葉を口にしてしまったのである。

ショックを受けた松原教授の視線を浴びた平野教授は、先輩に対して失礼なことを言ったことを反省した。そして急に迷いが生じた。〝弟子たちの将来を心配する松原教授には、これ以上反対しない方がいいかもしれない〟。

かくして、〝これまでのような過度の海外出張を控える〟という付帯条件付きで、のちに〝博士工場の経営者〟という称号を奉られるW教授の就任が決まったのである。

話を本題に戻そう。

忘年会でのあわやつかみ合いかという緊迫した事態は、すんでのところで収拾された。別室で乱闘が起こっているという知らせが入ったからである。

酩酊した枝野教授が藤村助手向かって、「お前はこの学科では未来永劫助教授になれないから、さっさとどこかに出ていけ」と怒鳴ったところ、逆上した藤村助手が枝野教授に殴りかかったのである。周囲が止めに入ったので、枝野教授の眼鏡が壊れた程度で済んだが、軍隊では軍曹が将校を殴ったら軍法会議に掛けられるほどの大事件である。

乱闘が収拾されたあと、白川助教授が先輩教授たちに絡まれた。「先輩に対する礼儀を弁えないお前のような奴は大学を辞めろ」、「金融工学に日が当たっているのをいいことに、態度がでかすぎる」、「四〇人の学生のうち、単位が取れたのは五人だけとはどういうことだ」、などなど。

ショックを受けた白川助教授は、翌朝辞表を提出したが、平野、林両教授に諫められて撤回した。

あきれ返った平野教授の提案で、この年を最後に、酔漢が大発生する一泊二日の飲み放題忘年会兼歓送迎会は、都心の一流フレンチ・レストランでのディナー・パーティーに変更された。二時間程度のパーティーでは、飲む酒の量は知れている。呑兵衛たちはパーティーのあと、場所を移して飲みまくり、乱闘を起こしていたかもしれない。しかしそれは、平野教授のあずかり知らぬことである。学科発足以来の伝統を破壊した平野教授は、呑んだくれオヤジに対するサービスにうんざりしていた事務職員諸嬢から感謝されたのでした。

藤村助手は、自分の昇任を妨害した〝落下傘教授〟を疎ましく思っていたはずだ。しかし幸いなことにこの人は、一年ほどして、かつての上司である山下教授の口利きで、有力国立大に助教授として転出した。

一五年以上奉仕した出身学科の助教授になることは出来なかったが、転出先の大学で教授ポストが約束されたのだから、めでたし、めでたしだったのではなかろうか。

平野教授の移籍を阻止できなかったのは、松原教授にとって痛恨事だった。ところがこの大先輩は、定年退職する前に、長きにわたって経営システム工学科を悩ませることになる地雷を敷設するのである。


平野教授の一級市民昇格は、川村教授にとっても、〝まさかまさか〟の大事件だった〝いずれ専攻会議から排除してやろう〟と思っていた平野教授が、自分の方から専攻離脱を申し入れてきたのは、クビにしようと思っていた無能な部下が、ライバル企業の役員に迎えられたようなものである。

数年前に「金融工学」という新鉱脈で大きな宝石を発掘した平野教授は、林教授の下で博士号を取った白川助教授と協力して、〝大島軍団〟を目指して論文生産に取り組み、〝中年の星〟と呼ばれるようになっていた。

しかも金融工学は、川村教授の研究分野の至近距離にあった。実際、次々と革新的な論文を書いて、若手のチャンピオンに躍り出た白川助教授は林教授の弟子、すなわち森村教授の孫弟子である。だから川村教授がこの分野に参入していれば、白川助教授と遜色ない成果を挙げることができたはずである。

しかし、東工大の主流である土・機・電・化エンジニアの大半は、「エンジニアが取り組むべき課題は、モノづくりに直結する研究であって、お金はそれに付随する二次的なものに過ぎない。また金融業は、お金を右から左に動かすだけで巨利を上げる、あやしげなビジネスである。このような研究は、経済学部と商学部に任せておけばいい」と考えていた。

主流派と密接なつながりがある川村教授は、能力があったにもかかわらず、仲間たちが忌避する研究に手を出すことを見合わせた。それだけではない。優秀な助手や学生に対しても、金融工学に手を出さないよう圧力をかけた（二人の助手は、他大学に転出してから金融工学を手掛け、日本を代表する研究者になった）。

一方の平野教授は、主流派にとっては〝エイリアン〟である。しかも川村教授と違って、外様である。〝外様のエイリアンについて、あれこれ言っても仕方がない。どうせ碌なことはできないだろう〟。後ろ指を指されながらも、平野教授が金融工学の旗を振ることができたのはこのためである。

大島教授が指導する学生の博士論文審査のために、久しぶりに情報科学専攻会議に出席した平野教授は、会議が終わったあと川村教授に呼びとめられた。

「このごろ、金融工学の旗を振っていらっしゃるようですね」

「それがどうかしましたか」

「私のところにも、金融工学をやりたいという学生がいますが、そのような（あぶない）研究には手を出さない方がいい、と諫めています。あなたは、工学部出身の学生が銀行や証券会社に入って、うまくやっていけると思っているのですか」

「そのあたりは良くわかりません。しかし金融ビジネスは、いまや技術の時代を迎えたのです。銀行や生命保険会社が、われわれの技術を必要としているのであれば、大学人としてはそのニーズにこたえるべきではないでしょうか」

「学生がどうなっても構わない、ということですか」

「そういうことではありません。私は学生とよく話し合って、どうしても金融工学の勉強をやりたいという学生以外には、勧めないようにしています」

「学生の自己責任だと言うことですか」

「学生は子供ではありません」

「指導教授には、間違った道に進もうとする学生を止める義務があると思います」

「間違った道だとは思いません。日本の金融機関全体が強欲な外資の傘下に入るようなことになれば、日本経済は目茶目茶になります。それを防ぐのは大事な仕事ではないでしょうか。

それでは次の会議がありますので、失礼します」

この日以来、〝面倒な奴だ〟、〝厄介な奴だ〟という二人の感情的な対立は、研究・教育という、大学人の根幹にかかわる対立にグレードアップしたのである。

9　大学院重点化

一九六〇年代末に猛威を揮った大学紛争が終結した後、穏やかな海を航海していた国立大学船団に嵐が襲ってきたのは、九〇年代初めである。

最初の嵐は、一九九一年に実施された「大学設置基準の大綱化」（大綱化という馴染みがない言葉は、統制撤廃を意味する英語 deregulation の日本語訳である）。これは一般教育と専門教育の線引きを廃止して、各大学が自由にカリキュラムを組めるようにするという、新制大学始まって以来の大改革である。

かねてより、一般教育グループに批判的だった専門教育グループは、チャンス到来とばかり、外国語と保健体育の履修単位削減を要求した（人文・社会科学グループは、しばしばテレビに登場する売れっ子教授のおかげで、標的にされずに済んだ）。

履修単位数が減れば、その分だけ教員は少なくて済む。これで浮いたポストを専門課程に廻して、勤勉なエンジニアを採用しようというわけである。

二年にわたる大騒動の末、外国語・保健体育グループは、約二〇％の定員削減をのまされた。

しかし公務員を解雇することはできないので、高齢教授が定年退職したときに新規教員を採用しない〝五月雨方式〟が取られた。このとき、入試ボイコットをちらつかせながら抵抗する英語教員を説得した木村工学部長の手腕は高く評価された。木村教授が後に学長ポストを射止めた理由の一つは、これである。

嵐が去った後に襲ってきたのが、全学を巻き込む大型台風だった。九〇年代半ばに実施された「大学院重点化」がそれである。大学の意思決定主体を、教育組織である学部から研究組織である大学院に移行させ、研究活動の活性化を図るための措置である。

しかしそれは建前であって、実際には全国各地の国立大学を、A級グループとそれ以外の大学に仕分けして、経費削減を目論む文部省の計略だった。日本の理工系大学のトップに君臨する東工大としては、是が非でもA級グループに入らなくてはならない。

しかし教授たちの大半は、重点化は〝学科〟という看板を〝大学院専攻〟に掛け替えるだけで済む話だと思っていた。〝何もせずに予算や人事で優遇してくれるのであれば、こんなにおいしい話はない〟。

ところがこの思惑は外れた。文部省は、大学の基本単位である〝学科〟の上に設置された大学院の〝専攻課程〟を解体して、新たな専攻課程に再編した上で、世間にアピールする新機軸を打ち出すことを要求した。

新しいことをやるためには、新しい人材が必要である。ところが文部省は、財政難につき新規定員をつけることはできないと言う。しかし、公務員である教員をクビにすることはできない。

大学教授のボヤキ：〝これまでと同じスタッフだけで、どうやって新機軸を打ち出せというのか〟。

文部省役人の言い分：〝先生方は頭がいいのですから、知恵を出してください〟。

悲しいかな。大学教授はドラ息子とお役人には勝てない。かくして東工大は、天地がひっくり返るような大混乱に陥るのである。

各学科や専攻は五〇年以上の歴史を持っている。工学部の中でも電気系と機械系は仲が悪い し、機械系五学科もバラバラである。建設系も土木工学科と社会工学科は犬猿の仲である。カルチャーが異なるグループをミックスするのは容易でない。

「大学院・社会理工学研究科」を設立する計画が浮上したのは、一九九五年である。一六学科で構成される工学部から、文系寄りのテーマを扱っている「経営システム工学科」「社会工学科」の二学科と、一般教育担当の「人文・社会科学グループ」「教職課程グループ」「保健体育グループ」をシャッフルして、〝理工系と文系の知識を統合した新領域を確立し、東工大の新たな地平を切り開こう〟というプランである。

戦後まもなく、高等師範や旧制高校を改組して作られた新制大学には、「文理学部」という組織があった。ここでは、人文科学、社会科学、自然科学の教育・研究が行われていたが、六〇年代に入ると、多くの大学では教育学部、文学部、法学部、経済学部、理学部などに分かれて行った。

それ以来、理工系の研究者と文系の研究者は、別々の集団を形成することになったのであるが、高度成長時代に入ると、エネルギー問題、環境問題など、理系の知識と文系の知識が必要とされる複合的な問題が浮上した。

当初、これらの問題を総合的に分析するための、「文・理融合」アプローチが大きな期待を集めた。しかし、このアプローチが目覚ましい成果を生み出したケースは少なかった。その最大の理由は、文系の研究者と理工系の研究者の間には、イギリスの物理学者であるC・P・スノーが「二つの文化」と呼んだ深い溝が横たわっていることである。

文系の研究者、たとえば文学者や社会学者の中には、理工系研究者の常識である「作用・反作用の法則」や「熱力学の第二法則」を知らない人がいる。一方理工系の研究者は、文系研究者にとっての常識である、「比較優位の原理」や「マックス・ウェーバー」を知らない人がほとんどだ。

文化が違えば使う言葉が違うし、分析方法も異なる。このため文・理融合研究は、文系研究者の研究結果と、理工系研究者の研究結果をつなぎ合わせた、パッチワークで終わることが多かったのである。

平野教授も何度かこの種のプロジェクトに参加したことがある。中には五年にわたって、毎年一億円を使うプロジェクトもあった。しかしこれらのプロジェクトの多くは、膨大な報告書を生み出したものの、使ったお金に見合う成果を出すことは出来なかった。

このようなことを避けるには、文系と理工系の知識を併せ持つ研究者がリーダーシップを取り、文系と理工系の研究者を〝使いこなす〟ことが必要である。ところが、〝文・理融合〟という言葉はあっても、〝理・文融合〟という言葉が無いことが示す通り、このような研究は、弁が立つ文系研究者（経済学者や社会学者）主導で進められることが多い。

しかし、エネルギー問題、資源問題、環境問題、情報セキュリティ問題、知的財産権問題など、技術的分析が主要部分を占めるテーマの場合は、理工系の研究者がリーダーシップを取る方が、実りある成果が出るのではなかろうか（平野教授はこのようなアプローチを、文・理融合ではなく「理文総合アプローチ」と呼んでいた）。

工学部の中で文系寄りのテーマを扱ってきた「社会工学科」と「経営システム工学科」、そして一般教育グループをミックスして、新しい大学院を作るにはどうすればいいか。

まず外れたのは外国語グループである。東工大に外国語研究のための大学院を作ってもニーズがない。教員たちも大学院教育など御免こうむりたいと考えている。そこで学部教育と国際交流を担当する「外国語研究教育センター」を作り、外国語教員はそこに収容することになった。

一方、人文・社会科学グループについては、新研究科の中に組み入れるということで、大学執行部のコンセンサスが出来上がっていた。それは外国語グループと違って、江藤淳、永井陽之助、吉田夏彦などのスター教授を擁するこのグループが、東工大のステータスを高めるうえで絶大な功績があったからである（世間の人は、東工大が大岡山にあることを知らなくても、江藤淳が東工大教授であることは知っていた）。

人文・社会科学グループの本音は、「人文・社会科学専攻」を作り、かねてからの念願である中抜き大学院構想を実現させたいところである。しかしそれでは文部省が認めてくれない。

会議を重ねた結果、〝経営工学専攻、社会工学専攻、人文・社会群をまぜ合わせて三つの専攻を作り、教職グループと保健体育グループが合体してもう一つの専攻を作る〟ということで決着したが、ここから先が難しいところである。

まず社会工学専攻は混ぜ合わせを拒否。カルチャーが異なる一般教育グループと協力するのは御免こうむりたいという。かくして、経営工学グループと人文・社会科学グループとの間で協議が行われることになった。

経営工学グループから人文・社会科学グループに移ってもいい、という人は誰もいない。経営工学グループが受け入れたい人はいるが、先方が出さない。少なくとも二人以上入れ替えなければ、文部省は大学院重点化を認めてくれない。

議論は気が長い委員長の下で延々と続いた。幸い平野教授はこの議論には深入りせずに済んだ。それは外国語担当教員と、数学担当教員の間で怒号が飛び交う「一般教育等委員会」の委員長という、誰もやりたくない仕事を引き受けていたためである。

すったもんだの末、経営工学グループから一人が人文・社会科学グループに移籍して「価値システム専攻」を作り、人文・社会科学グループから四人を受け入れて新・「経営工学専攻」を作るという取引が成立した。

「経営工学専攻」「社会工学専攻」「価値システム専攻」「人間行動システム専攻」の四専攻からなる「大学院社会理工学研究科」が発足したのは、一九九六年六月である。

文部省に提出した設立趣意書には、〝文系と理工系の知識を統合した文・理融合アプローチで、東工大の新しい地平を開く〟と記されていたが、平野教授は〝文・理融合は単なる作文だということを承知の上で、文部省は社会理工学研究科の新設を認めたはずだ〟と考えていた。

実際のところ大学院重点化は、文部省と旧・帝国大学&東工大&筑波大の出来レースだった。東工大や筑波大のような有力大学が重点化から外れれば、重点化政策が失敗だったことになる。だから東工大がひとまず〝まともな〟案を出してくれれば、それを受け入れることになっていたのである。

ところが文部省は、教員ポストをつけてくれなかった代わりに、予算には一〇%ほど色をつけてくれた。そしてその代償として、設立趣意書に書かれている文・理融合アプローチを用いて、新機軸を打ち出すことを要求した。

研究科の三分の一を占める文系教員の大半、特に二階級特進によって「価値システム専攻」に昇格した人文・社会群のメンバーは、大学という組織に忠誠心を持ち合わせていない。だから、文・理融合研究に手を貸せと言っても、馬耳東風である。

そもそも文学、歴史学、芸術、日本文化論などの純・文系の専門家に、文・理融合研究を強制するのはばかげている。協力してもらえる可能性があるのは、口八丁手八丁の経済学者と社会学者くらいである。

また再編を拒否した社会工学グループは、「われわれは学科設立当初から、文・理融合アプローチで都市問題や環境問題で優れた成果を挙げて来たから、今更新しいことに手を出す必要はない」と嘯いている。

理工系、文系を問わず、研究者という生き物は、それぞれ自分の専門に深くコミットしている。彼らにとっては、同業者たちの評価が最も大事である。ところが文・理融合プロジェクトに協力する際には、それまで守ってきた原理原則を曲げなければならないこともある。

エネルギー問題を例に取れば、原発推進派のA教授が、環境問題専門家のB教授の主張を受け入れて、原発と並んで風力発電や地熱発電も重視すべきである、という報告書に名前を連ねるケースがそれである。

このような報告書は原発推進派の不興を買い、A教授は仲間から村八分にされる恐れがある。それが心配なら、最初からこのようなプロジェクトにはかかわらない方が賢明である。

つまり、文・理融合研究で新機軸を打ち出すためには、経営工学専攻が主体になって実施するほかないのである。思いつくテーマは、「技術経営（テクノロジー・マネジメント）」と「金融工学」の二つである。

「技術経営」というのは、企業における技術開発や技術・情報管理にかかわる問題を、文・理乗り入れで研究する分野で、東工大の兄貴分にあたるＭＩＴが先鞭をつけたものである。しかし、期待されたような成果を挙げることができなかった。

日本でもいくつかの大学がこのテーマに取り組んだが、目覚ましい実績が上がったという報告はない。

もう一つの「金融（ファイナンス）」は、長い間経済学者と経営学者が取り仕切ってきた分野である。ところが金融自由化政策のもとで、「オプション」や証券化商品など様々な新金融商品が取引されるようになった。

経済学としての金融研究は、定性的分析が中心である。〝金利が上昇すれば、コール・オプションの価格は上がる――〟。経済学の守備範囲はそこまでである。しかし金融市場におけるオプションの取引にあたっては、金利が一％上がったら、オプション価格は何％上がるか、を知らなくてはならない。

このような定量的研究のためには、最適化理論、確率微分方程式、計算機シミュレーションなどの工学的手法が不可欠である。この段階で金融理論は、経済学や経営学の範疇から抜け出して、理文総合アプローチで取り組まなければならない「金融工学」に姿を変えたのである。

社会理工学研究科の初代研究科長として名乗りを上げたのは、社会工学専攻のドン・猪熊教授である。

将来学長を目指す人は、その予備段階として、研究科長職を経験しておくことが望ましい。全学に名前を売ると同時に、行政手腕を発揮して、学長が務まることを示す絶好のチャンスだからである。一方学長を目指す気がない人にとって、研究科長はやりたくない仕事である。

平野教授より一つ年上の猪熊教授は、大学執行部に対する歯に衣を着せない発言で、若手教員の人気を博する一方で、木村学長周辺からは要注意人物として警戒されていた。

平野教授は東工大に赴任して間もなく、社会工学専攻で講義を担当するのに先立って、この専攻のドンを自認する猪熊教授にご挨拶に伺った。名は体を表すという言葉の通り、猪熊教授は身長が一八〇センチ、体重は九〇キロ近くあるクマのような大男である。

「初めまして。こちらの専攻で、最適化理論を担当させていただくことになりました平野です。これからよろしくお願いします」

「筑波の山中君に聞いたところでは、君はなかなかのやり手だそうだね」

「山中先生を御存知ですか」

「彼とは文部省時代からの知り合いなんだよ」

山中教授は元文部省のノンキャリ役人で、筑波大の計算機科学科に第一号教授として天下った曰くつきの人物である。役人時代には、研究費の配分で全国の有力教授に恩を売り、筑波大では計算センター長として辣腕を揮った。そしてこの人こそ、白貝教授と結託して、(自分の言いなりにならない)平野助教授の一般教育閉じ込め作戦を練った人物である。

この本の冒頭で、一流の研究者は軒並み筑波移籍を断ったと書いたが、その原因の一つは、この人物の存在だった。平野教授にとって山中教授と近い人は、すべて要注意人物である。

「そうですか。山中先生が私の何を指してやり手とおっしゃったのか、よく分かりませんが、どうかお手柔らかにお願いします」

「この大学で、君の筑波でのやり方が通るかどうか分からんが、精々頑張ってくれたまえ」

このとき平野教授は、一つしか年齢が違わない相手に対する〝上から目線〟の言葉に嫌な感じを抱いた。そして毎月一回開催される専攻会議で顔を合わせるたびに、猪熊教授の強権的体質に辟易させられた。

会議はさながら、クマがウサギたちをいたぶる、パワハラ会議の様相を呈した。一五年後に経営システム工学科に移籍した時、平野教授は、〝クマとの付き合いはこれで終わりだ〟と、心から安堵したのである。

新研究科の設立が決まったとき、社会工学専攻の若手教員たちは、猪熊教授が研究科長に選任されることを期待した。研究科長になれば科長業務に時間を取られて、ウサギたちを苛める時間が少なくなる、と期待したからである。

一方、猪熊教授が研究科長になって、研究科全体、ひいては全学を混乱させることを恐れた木村学長は、経営工学専攻と一般教育グループのリーダーに対して、〝猪熊だけはやめてほしい（彼でなければ誰でもいい）〟というシグナルを送った。

鳩首会談したリーダーたちは、経営工学専攻に対抗候補の選出を要請した。候補になりうるのは、最年長の古川教授と、二年前にこの学科に移籍した平野教授の二人である（松原教授はこの前年に定年で私学に移籍した）。

普通であれば、専門課程教授としてのキャリアが長い古川教授の出番となるところであるが、一般教育グループと接点がない古川教授では、猪熊候補に対抗できそうもない。平野教授でも勝てないかもしれないが、工学部の本流から外れた〝外様の株屋教授〟であれば、負けても大きなダメージにはならないだろう、とリーダーたちは考えた。

出馬を要請された平野教授は、〝猪熊教授が研究科長になったら、厄介なことになる（あんな奴より自分の方がましだ）。また仲間たちの依頼を無碍に断るのは、エンジニア倫理にもとる〟と考えた。

引き受けた二つ目の理由は、研究科長になれば、経営工学専攻の主任という厄介な仕事を免除される、と思ったからである。

人文・社会群時代に二回主任を務めたが、大きな負担にはならなかった。主任がやるべき仕事は、学科会議の進行、高等遊民が引き起こす不始末のしりぬぐい、外国語グループとの打ち合わせくらいなので、つぶれるのは高々週に一日程度だった。ところが経営工学専攻の主任は超激務である。

まずは四〇人の二年生のアドバイザー役（学科所属が決まっていない一年生は教務課が、卒研所属が決まっている三、四年生は、卒研担当教員がこの仕事を請け負う)。二〇歳前後の学生の中には、失恋、成績不良、ホームシックなどが原因で情緒不安定になる人がいる。彼らが問題を起こすたびに、主任が対応に追われる。

それ以外にも各種委員会への出席、機械工学グループとのすり合わせ、研究科の他専攻との折衝、教員の苦情への対応、学科所属事務職員の勤務管理、エトセトラ、エトセトラで、確実に週に三日以上つぶれる。

週に三日以上つぶれると、研究活動に支障が出る。しかもアメリカの大学と違って、民主的な東工大では、この仕事は五人の教授の持ち回りが原則である(このため東工大教授の生産性は確実に一割以上低下する)。

ところが研究科長になれば、専攻主任の当番は最低でも二年間免除される。研究科長も激務には違いないが、事務局のサポートがあるので、つぶれるのはたかだか週に二日半である。したがって、週末も出勤すれば、研究活動に決定的な支障は出ない。

研究科長には、八%の超過勤務手当とタクシー券が出る(実際には手当の半分は、事務職員の夜食代として召し上げられたし、タクシー券は半年で八枚しか出なかった)。その上初代研究科長の名前は、研究科が存続する限り残る。〝ただ働きの専攻主任より研究科長の方がましだ〟。ところがこれはとんだ見当違いだった。

このような理由で出馬した平野教授は、予想を裏切ってダブルスコアで当選した。何をやるかわからない猪熊教授より、何もやりそうもない株屋教授の方が安全だと思った人が多かったからである。

「社会工学専攻」と「経営工学専攻」は、それぞれ旧・社会工学専攻と旧・経営工学専攻を母体にしたものである。前者が旧・専攻がそのままの形で移行したものであるのに対して、後者は「経営工学専攻」と一般教育の科学史・技術史グループが合体して作られたものである。

かつて東工大は、関東地区における民青（日本民主青年同盟）の拠点大学だった。学園紛争時代には、過激派学生のバックボーンとして活躍した民青グループは、紛争終結後は鳴りを潜めていた。しかし彼らは決して死んだわけではなかった。

科学史・技術史グループの元締めである道家教授は、かつては東工大の民青グループの中心人物だった。しかし紛争が終結してからは、社会情勢の変化に順応して過激な言動を控え、人文・社会グループのよろず問題処理係として、左派だけでなく中道・右派勢力からも信望を集めていた。

ところが道家教授が呼び集めた若手教員の中には、依然として戦闘的な人物がいた。技術史担当の北島教授がその代表である。この人は東西冷戦さなかの一九七〇年代初めに、東ドイツのフライブルク大学に留学して博士号を取った、筋金入りの左翼である。

道家教授在任中は過激な言動を慎んでいた北島助教授は、道家教授が定年退官したあと教授に昇進するや否や本性を現した。一つ例を挙げよう。

歴史学担当のF教授が定年退官した後、歴史学助教授を選考する委員会が設置された。真左のA氏を推薦する科学史担当のY教授と、中道のB氏を推薦する文化人類学担当のI教授が鋭く対立し、一年たっても結論が出なかった。

ところがI教授が現地調査のため、六か月間のインド出張に出かけることになった。この結果、(二度目の)主任に就任したばかりの平野教授が、ピンチヒッターを務めることになった。

出張直前に平野教授の研究室を訪れたI教授は、それまでの経緯を説明したあと、恐ろしい言葉を発した。

「出張先は、風土病が蔓延する危険地帯なので、無事帰ってこられるとは限りません。ここから先のことは、私の遺言だと思って聞いてください」

「どのようなことでしょうか」

「Y教授が推薦するAさんは、東工大の民青グループを再活性化させるために、本部が送り込もうとしている危険人物です。もしあの人が来ることになれば、左右対立が激化して大混乱に陥るでしょう。あなたはご存知ではないかもしれませんが、学園紛争のときのような争いは二度と起こしてはなりません。だから絶対にこの人事だけは阻止していただきたいのです」

選考委員会に出席した平野教授は、とげとげしい雰囲気に圧倒された。以後二週間おきに開かれた会合では、左右両派が一歩も譲らず堂々巡りが続いた。

このままでは一年たっても結論が出ない。そうなると主任が工学部長から叱られるだけでは済まない。歴史学ポストを工学部長に召し上げられる可能性もある。そこで平野教授は四回目の会合で、人文・社会群では前例がない多数決による決定を提案し、三対二の僅差で中道のB氏を連れてくることに成功した。

ところが委員会が終了した後、Y教授の後ろ盾である技術史担当の北島教授から自宅に電話がかかってきた。

「平野先生。あなたは歴史学ポストが、代々われわれ（民青）グループに割り当てられてきたことをご存知でしょう」

「知りませんでした」

「この大学に赴任されたとき、道家教授からレクチャーがあったはずですが」

「記憶にありませんね」

「あなたのせいで、われわれは大打撃を受けました」

「しかし、選考委員の過半数がB氏を支持されたのですから、認めていただくしかありませんね」

「今後どのようなことになっても知りませんからね」

「どのようなことというのは、例えばどのようなことでしょう」

〝俺のスキャンダルを暴こうというのか。新任の歴史学助教授（女性）に対して、パワハラを働こうというのか〟。

八時前にかかってきた電話は、九時過ぎまで続いた。このとき平野教授は、東工大に赴任して間もないころ、組合活動を批判したことをめぐって、左翼の万年助手から恫喝されたときのことを思い出した。この経緯から見て、もしA氏が就任していれば、I教授が心配した通りの事態を迎えていたのではなかろうか。

〝東工大は日本の支配者階級の妾だ〟と考える北島教授は、しばらく前に、水俣病に関するチッソ元凶説を否定する鑑定を出した元東工大教授のM博士を指弾する文章を発表している。

M教授の鑑定に問題があったのは確かである。しかし、すでにチッソが自らの責任を認め、患者に対して賠償を行っている状況の中で、M元教授の昔々の鑑定結果を、自分が勤務する大学の黒歴史として告発するのはいかがなものだろうか。これがこの文章を読んだときの平野教授の感想だった。

東工大の教員の大多数はノンポリだから、北島教授の論文の存在を知らない。しかし部局長レベルの教授は、北島教授の言動に眉をひそめていた。また人文・社会群の右派教員はもとより、中道派教員も北島教授に手を焼いていた。

マル経集団から離脱した経歴を持つ経済学担当の綿貫教授は、「彼らは水虫のようなもので、いったん治ったと思っても、少し油断するとまた活動を始める」と言っていたが、北島教授グループとどう付き合うかは、人文・社会群が抱える大問題だった。

ところが大学院重点化のどさくさにまぎれて、北島グループが経営工学専攻に潜り込んできた。松原教授が一般システム理論と接点があるオントロジー（哲学の一分野）の研究者である鷲尾教授を招き入れるついでに、反・東工大分子である北島グループを受け入れてしまったのである。

この結果、企業のために働くエンジニア集団は、自らの体内にご主人様の罪状を暴くことに執念を燃やす有害生物を飼うことになった。

人文・社会群の右派・中道勢力にとって、大学院重点化は幸運の二乗だった。まずは、切望していた中抜き大学院構想が、労せずに実現されたこと（大学院重点化のおかげで、学部に人文・社会科学科を作る必要はなくなった）。

次に、長い間彼らを悩ませてきた民青グループを放出できたこと。しかも彼らは、民青グループが定年で大学を去った後は、そのポストを丸ごと取り戻そうと画策していた（まことに虫がいい連中である）。

人文・社会科学グループは、社会理工学研究科設立の際に、文部省を納得させる上で力になってくれたが、自分たちが文・理融合研究や研究者（博士）養成を積極的に行う意思はなかった。旧・経営工学専攻から移籍したエンジニア――松原教授の弟子――に、これらの仕事を請け負ってもらおうと考えていたのである。

一〇年以上生活を共にした平野教授は、人文・社会科学グループの魂胆に気づいていた。そこで経営グループを代表して交渉にあたっている松原教授に、このことを〝婉曲に〟伝えた。ストレートに伝えなかったのは、かつての同僚をあしざまに言うことは憚られたからである。

ところが松原教授は、平野教授の忠告を無視して、北島グループを受け入れてしまった。人文・社会科学グループにとって松原教授は救世主だった。一方の経営工学グループは、松原教授が敷設した地雷の信管を外すために苦労することになるのである。

10　研究科長

大学院重点化によって、それまで一〇人だった経営工学専攻は、一六人に膨れ上がった。旧・経営工学グループが一二人と、旧・一般教育の科学史・技術史グループが四人である。

重点化される前の経営工学専攻の主任は、人文・社会群主任の三倍を上回る激務だった。松原教授と平野教授を除く八人は、同じ学科を卒業した親戚同士だから専攻会議はシャンシャンシャンか、と言えばそうではない。

先代の大物教授たちは、全学に知れ渡るほど仲が悪かった。現在の教授たちは、これら犬猿教授たちの直系の弟子である。〝仲が悪かった五人の叔父さんの息子たち〟と言えば、互いの関係がわかるだろう。

教授は一国一城の主だから、嫌がらせを受けても超然としていればいい。気の毒なのは助教授である。平野教授は、〝自分がこの学科の卒業生だとすれば、助教授として迎えられても受けたかどうかわからない〟と思っていた。

しかしそれは、林教授の助教授時代の苦労を知っているからであって、知らなければ〝飛んで火にいる夏の虫〟になっていただろう。人間関係の厄介さを百も承知の上で、林教授と平野教授の説得に負けて、大事にされていた筑波大学からいやいやながら東工大に戻ってきた白川助教授には、全く気の毒なことをしたものだ。

たとえ気に入らない奴だと思っても、研究科長には一定の敬意を払わなくてはならない。そこで平野教授とペアを組む白川助教授が、兄弟子たちから執拗な嫌がらせを受けることになったのである。

専攻主任の補佐役を務める白川助教授が、議事録確認の際に受けた嫌がらせは、平野教授が筑波時代に受けたものと大差なかった。

一般教育グループから放出された科学史・技術史グループは、旧・経営工学グループに恭順の意を示した。四対一二では多勢に無勢だし、宿主に危害を及ぼすと、自分たちも共倒れになることを知っていたからである。

しかし平野教授は、いずれ彼らが本性を表すだろうと思っていた。マル経から転向した綿貫教授が言った通り、彼らは少しでも油断すると、再び活動を始めるからである。実際彼らは、松永教授が連れて来た技術政策担当のW教授に取り入っていた。

北島教授は、〝一人ずつ味方を増やし、いずれ専攻全体を左向きにしよう〟と思っているのではなかろうか。旧・東ドイツで過酷な五年を過ごした筋金入りの闘士にとって、現在の逆境ごときは取るに足りないものだろう。

社会理工学研究科の中心に位置する、経営工学専攻が彼らに乗っ取られたら、研究科全体に危機が及ぶ。しかし、思想的なことには関心がないエンジニアは、低姿勢を続ける北島グループを警戒していないようだった。

そこで平野教授は提案した。〝デリケートな問題は専攻会議の前に開かれる学科会議――ここに集まるのは旧・経営工学グループのエンジニアだけである――で議論し、北島グループが出席する専攻会議では、簡単な報告事項だけで済ませることにしましょう〟と。

こうすれば、北島グループがナイーブなエンジニアを籠絡する機会を減らすことが出来る。また彼らに一定の自治権を与えることによって暴発を防ぎ、真左のスタッフが定年退職するまで飼い殺しにする、という作戦である。

この作戦は当たった。北島グループの暴発を防ぐことが出来たのは、この作戦のおかげである。平野教授は見掛けによらず人が悪いのである。

専攻会議に出るたびに、平野教授は北島教授の敵対的視線と、旧・経営工学グループの冷たい視線を浴びながら、専攻主任ではなく研究科長を選択したのは正解だった、と思うのだった。

研究科長は、月に二〇回以上の会議に出席しなくてはならない。その半分はただ座っていればいいだけのものだが、研究科教授会と専攻主任会議の運営には神経を使った。

しかしそれ以上に気を遣うのは、大学の基本問題を議論する「部局長会議」である。ここに集まるのは学長以下、図書館長、教務部長、六人の研究科長、そして六人の事務官（事務局長、経理部長、施設部長など）である。

東大出身の木村孟学長は土木工学の専門家で、二期四年にわたって教務部長（後の教育担当副学長）を務めた後、工学部長を経て、学長に就任した学内行政のエキスパートである。

教務部長の森田教授（応用化学）は、学長が教務部長だった時代から、苦楽を共にしてきた人物である。

六人の研究科長のうち平野教授を除く五人は、東工大生え抜き組で、その筆頭格は、最も多くのスタッフを擁する工学研究科長の桑田教授、以下横並びで理学研究科長の芳賀教授、総合理工学研究科長の岩上教授、情報理工学研究科長の川村教授、生命理工学研究科長の泉教授、社会理工学研究科長の平野教授と続く。

内閣の三分の二を占める東工大出身の〝モノづくりエンジニア〟は、「金融工学」といういかがわしい旗を振っている外様の〝株屋研究科長〟に好奇の目を注いでいた。

北島教授の標的にされたM教授に近かった岩上教授は、研究科が発足する暫く前に、ある会議で席が隣り合わせになったとき、

「君たちは文・理融合で何をやるつもりかね。働かないだけならまだしも、東工大の古傷を暴くことを楽しんでいるような連中と一緒に仕事をするなんて狂気の沙汰だよ」という厳しい言葉を発した。

また川村教授は、〝泥船の船長になった〟平野教授に、決して友好的とは言えない言辞を浴びせたが、以前ほど気にならなかったのは、川村教授に対する評価が変わったせいである。周囲から「(大学教授ではなく) 役人になっていたら、事務次官になっていたかもしれない」と評される川村教授は、自分が大半の雑用を引き受け、大島助教授に森村教授時代と同様の貴族並みの研究環境を提供した。

経済学部時代に身につけた〝比較優位の原理〟に従って、事務能力に秀でた自分が事務作業を引き受け、研究活動は研究能力に秀でた大島教授に任せるほうが、専攻全体としてのパフォーマンスが良くなるというわけである。

この結果大島教授は、世界中の俊秀が参戦した「内点法」バトルでチャンピオンになった。しかし、いかに研究業績を上げようが、教授ポストに空きがなければ、教授昇進はありえない。国際的な名声を獲得した人を、いつまでも助教授に据え置けば、東工大の見識が問われる。

ところが川村教授は、大学院重点化の際に空席になったポストを使って、大島助教授の教授昇進を実現した。これは川村教授の政治力のおかげである。このときを境に、平野教授の川村教授に対する評価は急上昇した。

一回目の部局長会議が終わった後、木村学長は平野教授に声をかけた。

「平野先生。これから二年間よろしくお願いいたします」

「こちらこそよろしくお願いします」

「もしお時間があれば、私のオフィスで少しお話させていただけませんか」

「これから後は特に予定がありませんので、喜んでご一緒します」

東工大の学長室は、にわか仕立ての社会理工学研究科長室の四倍以上あって、調度品も格調が高いものだった。

「文・理融合研究には文部省も期待していますので、よろしくお願いします」

「あのような手垢のついた作文を、海千山千のお役人が信じるはずはない、と思っていました」

「それは違います。文部省は東工大なら何かやってくれるだろう、と期待しているのです。何しろ東工大が文部省の期待を裏切ったことは、これまで一度しかありませんからね」

「しかし今回は、期待を裏切った人たちと一緒にやるのですから心配です」

「社会工学の連中は何もやらないでしょうから、当面は経営の皆さんに頑張ってもらうしかないでしょう」

「先生もご存知の通り、経営も厄介な問題を抱えていますので……」

「それは承知しています。あなた方が彼らを引き取ってくれなければ、社会理工学研究科構想は空中分解していたかもしれません。いろいろ大変なことが多いと思いますが、どうかよろしくお願いいたします」

平野教授は、北島グループを受け入れたのは、松原教授の大失策だと思っていた。しかし学長の言葉を聞いてからは、大学院重点化の司令塔である木村学長の意向を受け入れた苦渋の選択だったのかもしれない、と思うようになった。

「文系の人たちを働かせるのは非現実的なので、当面は金融工学と技術経営で頑張るしかないと思っています」

木村学長はこの後も平野教授と顔を合わせるたびに、「文部省が期待するような成果を挙げるよう頑張ってください」という言葉を繰り返した。

平野教授はこれに先立つ数年間、金融工学の分野で毎年三編以上の論文を書いた。またOR学会の「投資と金融のOR研究部会」の主査、応用数理学会の「数理ファイナンス研究部会」の主査、統計学者や計量経済学者と協力して設立した「日本金融・証券計量・工学学会（JAFEE）」の会長、金融工学に関する国際ジャーナルの編集委員を務めるなど、学界における露出度を高めた。

また白川助教授も、世界的に注目される成果を挙げ、海外の権威から、日本を代表する研究者と評価されるようになった。

しかし二人の教員が頑張ったところで、文部省に社会理工研究科をアピールすることは出来ない。アピールするためには、組織として画期的なプロジェクトを立ち上げなくてはならないのである。

ところが研究科長は商店連合会の会長のような存在だから、独立した商店主である教員に号令を掛けても効果はない。研究科長の力が及ぶのは、自分の講座の助教授と助手くらいである。初めから分かっていたことだと言うものの、人文・社会科学系の教員は、経営工学専攻の協力の下で二階級特進を勝ち取ったにもかかわらず、それに見合う仕事をしようとはしなかった。

木村学長の度重なるプレッシャーを受けた平野教授は、白川助教授と相談して、金融工学の研究を行うための施設である「理財工学研究センター」設立構想をまとめた。平野教授がセンター長を、白川助教授が副センター長を務め、全国の大学と金融機関から六人の精鋭を招くという構想である。

「金融工学研究センター」ではなく「理財工学センター」という名称を使ったのは、反・金融ビジネスムードが蔓延する東工大では、この名称の方がエンジニア集団の理解を得やすいと思ったからである（理財学というのは、明治時代に福沢諭吉がEconomicsの日本語訳として考案した由緒正しい言葉である)。

研究者には波がある。好調だった研究者が突然スランプに陥るのは珍しいことではない。病気になることもある。センターが継続的に目覚ましい成果を挙げるためには八人、最低でも七人のスタッフが不可欠である。

ＯＲ学会、応用数理学会、ＪＡＦＥＥにおける学会活動を通じて、招くべきスタッフの目当てはついていた。白川助教授と双璧と目される筑波大のＫ助教授、ＪＡＦＥＥの初代会長を務めた一橋大の'Ｋ教授、デリバティブ価格計算の第一人者であるＩＢＭ東京基礎研究所のＴ博士、Ｍ銀行のＡ博士などは、東工大が声をかければ受けてくれるだろう。

折から橋本内閣が「金融ビッグバン宣言」を行ったため、日本の金融機関は、近い将来欧米の先進金融機関と闘わざるを得なくなった。そのためには、金融工学で武装しなくてはならない。

ところが、金融工学に本格的に取り組んでいる理工系大学は、東工大だけである。アメリカでも、ファイナンス研究はビジネス・スクールが主導権を握っていて、理工系学部の中に研究拠点を設けているところは、ＭＩＴとカーネギー・メロン大学くらいである。したがって、一騎当千のエンジニアが八人集まれば、世界のセンター・オブ・エクサレンスが出来るのではないか。

公務員の定員削減が進む中で、六人の新規定員を要求するのは無謀かと言えば、そうでもない。なぜなら、信頼すべき消息筋から得た情報によれば、大蔵省の文部省担当主計官――大蔵省の中でただ一人デリバティブのことがわかるという事務官――は、「理工系大学の金融研究への参入は焦眉の急である。実績がある東工大の要求には、満額回答を与えよう」と洩らしているという。

このセンターが成功を収めれば、「社会理工学研究科付属・先端商技術研究所」構想につなげることが出来る。この研究所は、金融、流通、テクノロジー・マネージメント（技術経営）など、「テクノ・コマース（商業技術）」の研究を行う組織で、東大の「先端科学技術研究センター（先端研）」の商業技術版というべきものである。

この研究所を設立すれば、東工大のライバルと目される一橋大に水をあけることが出来る。そして文部省における社会理工学研究科の評価は不動のものになるだろう。

平野教授が木村学長に「理財工学研究センター」の設立趣意書を提出したのは、一九九七年三月である。工学部長になるまで研究一筋だった末松学長と違って、若いころから文部省の役人やマスコミと積極的に付き合ってきた木村学長の耳には、産業界における理工系大学の金融工学参入に対する待望論が入っていた。

設立趣意書を一読した木村学長は言った。

「これは素晴らしいプランですね。これなら社会理工学研究科の目玉商品になります」

「ありがとうございます」

「いわば後方で司令塔になるべき大統領が、エアフォース・ワンで前線に出撃しようというプランですね。ぜひ今年の概算要求に乗せたいところですが、今年はかねてよりの懸案である「フロンティア研究センター」など、大きな要求項目がありますので、いきなりこのセンターを上位に置くと、反発する人が多いでしょう。本学には、金融工学に理解がある人はほとんどいませんからね」

「それは良く承知しています」

概算要求というのは、毎年一回大学が文部省に対して行う予算要求のことである。国立大学という組織では教授会の力が強く、学長にはほとんど何の権限もないといわれている中で、概算要求だけは学長の専権事項とされている。

しかし実際には、末松学長のようなワンマン学長でも、学内の様々なグループのバランスを考えて要求順位を決めていた。

「残念ですが、今年は頭出しだけにしておきましょう」

「頭出し？」

「東工大はこのようなプランを考えています、ということを文部省の担当者に内々に伝えておくことです。ただし来年の概算要求は次期学長の仕事ですから、どうなるか分かりませんけどね」

このとき平野教授は、このプランは実現しないだろうと考えた。なぜなら次期学長の最有力候補は、電気帝国のプリンスこと内藤善之工学部長だからである。電気グループは、機械や化学に比べれば頭が柔らかいが、教授の大半は金融工学に否定的だから、センター構想が概算要求項目の上位に取り上げられる可能性は小さい。

しかも平野教授の研究科長任期は、来年三月で終わる。〝前〟研究科長は、ただのヒラ教授に過ぎないから、発言力は激減する。

ヒラ教授が概算要求を行うためには、まず所属母体である経営工学専攻の承認を受けなくてはならない。ところが、旧・経営工学専攻の若手教授は、外様の株屋教授に好意的とは言えないし、科学史・技術史グループは敵意を抱いている。

したがって、理財工学研究センターが、社会理工学研究科の将来にとってどれほど重要か説明しても、我田引水だと思われてしまう。

一六人の専攻会議メンバーの中で、平野構想を支持してくれそうなのは、林教授、枝野教授など四〜五人に過ぎない。科学史・技術史グループを除外しても、過半数には届きそうもない。

六月に行われた学長選挙は、予想通り本命である内藤教授の圧勝で終わった。この結果、理財工学研究センター構想は霊安室送りになった。

　末松学長に定年問題に関する報告書を提出したとき、平野教授は定年が五年間延長され、六五歳までこの大学に勤めることが出来ると考えていた。定年延長には一長一短がある。しかし、ＡＨＰという手法を使って分析した結果、五年間の定年延長は人事の一時的停滞という問題を除けば、現状維持に比べてはるかに大きなメリットがあることが立証されたからである。

〝六〇歳で定年退職すれば、再就職先を探さなくてはならないが、六五歳まで働くことが出来れば、あの世に軟着陸できる。定年後はお迎えが来るまで、何か別のことをやって暮らすことにしよう〟。

　ところが、末松学長はこの答申を握りつぶした。後任の木村学長も、この件については一切触れようとしなかった。かくして平野教授は、二〇〇一年三月に〝私学への旅〟に出ることが確定したのである。

〝来年の概算要求をパスしたとしても、センターがスタートするのは一九九九年四月である。定年まで二年しかないことを考えれば、要求を取り下げたほうが賢明だ〟。

　平野教授は、研究科長を退任した後、経営工学専攻主任に選出されることを恐れていた。定年直前の一年間は、講座の後始末（助手の就職斡旋、博士課程の学生の滞貨一掃）と本人の再就職活動の妨げにならないよう、専攻主任などの雑用は押し付けないことになっている。危ないのは来年である。果たして逃げ切れるだろうか。

こう思っていたところ、研究科長の任期が終わる直前になって、霊安室送りになっていた構想が突然息を吹き返した。なぜそのようなことになったのか。

まずは一九九八年の元旦から一か月にわたって、日本経済新聞の一面に、金融ビッグバンに関する特別記事が連載されたことである。

そこでは、わが国の金融市場は「ウィンブルドン化」する心配があること、これを回避するためには、デリバティブや資産運用にエンジニアの参画が必要であることを繰り返し主張していた。

金融市場のウィンブルドン化とは、日本の金融機関の大半が海外の（強欲な）金融機関の傘下に入ることである。彼らは、日本企業を育成・支援してくれるとは限らない。

政治や経済に疎い東工大教授でも、日経新聞の一面には目を通していた。この神風に後押しされて、部局長の中に金融工学シンパが現れた。「国難を乗り切るために、理工系大学も金融工学に積極的に関与すべきではないか」

幸運なことに、学長に就任した内藤教授は、金融ビジネスに好意的だった。高校時代の親友が大証券会社の副社長を務めていたからである。〝あのように高潔な人物がリーダーシップを取っているのであれば、すべての金融機関がおかしいわけではないだろう〟と考えたのである。

平野教授に言わせれば、これは幻想である。金融機関の経営者の中に優れた人が全くいないとは言わない。しかし、人間は朱に交われば赤くなる生き物である。はっきり言って、この当時の金融機関のリーダーたちは、本来の責任を果たさず、強欲ビジネスに狂奔する金の亡者だったのである。

これは平野教授の偏見かと言えばそうではない。多くのエンジニアもこう考えていた。白川助教授の言葉を借りていえば、「金融機関は情報の非対称性を利用して、超過利益をむさぼるけしからぬ輩」なのである（注：情報の非対称性とは、金融機関が情報を一手に握っていること、超過利益とは、正当な利益を上回る利益のことである）。

三月末に内藤学長に呼び出された平野教授は仰天した。

「今年の概算要求に、理財工学研究センターを乗せたいと思いますので、経理部長と相談の上準備を始めてください」

重要な概算要求案件のほとんどが、木村学長時代に文部省と大蔵省の審査をパスしたため、この年は一種の空白が生じていた。ここにもう一つの幸運が重なる。木村前学長の右腕と言われた東工大の辣腕《らつわん》経理部長（文部省からの出向者で事務局のナンバーツー）が、センター構想を強く支持してくれたのである。

「これは画期的なプランです。お世話になっている本学のために、精一杯協力させていただきます」

「よろしくお願いします」

「実は私は、「大学教授の株ゲーム」愛読者でした。当時は東大の経済学部に勤めていましたが、東工大には面白い先生がいるものだ、と評判になっていました」

「東工大では散々たたかれましたけどね」

11　険しい道のり

これで百人力だと思ったところ、経理部長は一転して険しい表情で言った。

「新規人員要求を減らしていただけませんか。公務員の定員削減が加速していますので、六人の新規定員要求は認められないでしょう」

「分かりました。何人まで減らせばよろしいでしょうか」

「二人までにしてください」

「それだと、私と白川先生を加えても四人にしかなりません。計画を実現するためには、新規定員が最低でも四人必要です」

〝文部省が通してくれれば、大蔵省は満額回答を出すはずです〟という言葉を口に出すわけにはいかない。ヒラ教授が、文部省を飛ばして大蔵省と接触していると思われたら、経理部長（つまり文部省）がへそを曲げる。

「学長は、大学院重点化の際に浮いた助手ポストを一つ、センターに回してもいいと仰っています」

大学院重点化の際に、大学全体をリシャッフルする過程で、書類上は存在するが、実際には使われていない助手ポストが見つかったのだという（東工大のような大きな大学では、このようなこともあるのだ）。

「それはありがたいお話ですが、それでも二人足りません」

「経営から一人出していただいたらどうでしょう。先生の要望なら、受けてもらえるのではありませんか」

「それはどうでしょうか。私はもう研究科長ではありませんからね。仮にＯＫになっても五人にしかなりません。もう一人何とかならないでしょうか」

「そのあたりは、おいおい考えましょう」

平野教授は昨年、経営工学専攻会議には諮らずに、白川助教授と二人だけでセンター案を作った。事前に専攻会議の了承を得るのは難しいし、会議に諮るのは学長のゴーサインが出てからでも遅くない、と思ったからである。

実際、大物教授が二〜三人の仲間と談合して、（専攻会議に諮らずに）概算要求書を提出し、それがそのまま通ったという前例はたくさんある。こういう場合は、〝聞いていなかった症候群〟の教授連中が反発するが、通ってしまえば勝ち。これが工学部という組織なのである。

しかし教員ポストを供出してもらうのであれば、経営工学専攻と相談しないわけにはいかない。教員定員は専攻にとって最も重要な資産だから、交渉が難航するのは必至である。

この後平野教授は、白川助教授と密談した。

「センターが息を吹き返しそうですよ」

「死んだんじゃなかったのですか」

「ところが内藤学長が乗り気になんですよ。木村前学長のレクチャーを受けてその気になってくれたのです。ところが困ったことに経理部長は、新規人員要求は二人までにしないと、文部省が受け付けないと言うんですよ」

「二人では無理ですよ。やめましょう、やめましょう」

「学長が手持ちの助手ポストを一人分供出してもいいと言っているので、全部で三人ということです」

「三人でも難しいですよ」

「そう言ったら経理部長が、経営から一人出してもらったらどうか、と言うんですよ」

「それならぼくが出ます。あの人たちにいじめられるより、センターに移った方が楽です」

白川助教授はこの大学に戻ってから、先輩たちのいじめにあっていた。直情径行な性格だから、思った通りのことを口に出してしまう。「皆さんは本気で研究に取り組んでいるのですか」、「こんなことでは、いずれ経営システムはつぶれます」などなど。末弟がこのようなことを言えば、たとえそれが正論であっても（正論であればなおさら）兄貴たちはむかつく。

「それはだめなんですね。私が辞めた後、センター長が務まるのは、林先生と君だけです。ところがセンター長は、センター専属スタッフ以外から選ばなければならないのです。これが東工大のルールなのです」

「なぜそんなルールがあるのですか」

「保健管理センターのように、センター専任のスタッフがセンター長になると、学内の意向を無視して勝手に突っ走る可能性があるので、禁止されているのです。これから林さんと枝野さんに相談してみますが、交渉は難航するでしょう。もしダメだったら撤退するつもりです」

平野教授は、金融工学に最も好意的な林教授に、これまでの経緯を説明して協力を求めた。

「事情は分かりました。センターが出来れば、文部省の期待に応えることが出来るでしょう。しかし教員ポストの供出には抵抗があるでしょう」

「私の講座の助手ポストをセンターに回す、ということで認めてもらえないでしょうか。間もなく佐々木助手がT大に転出することになっていますので、生首は切らなくて済みます」

「難しい問題なので、枝野さんの意見を聞いてみましょう」

平野教授は、自分の講座の助手ポストを放出しても、退職したあと教授に昇進するはずの水原助教授に大きな迷惑を掛けずに済む、と楽観していた。

なぜなら、助手は短ければ二～三年、長くても五～六年すれば転出するから、四つの助手ポストがあれば、(平均的に見て)毎年一つの空きポストが発生する。そこで、それまで助手が空席になっていた講座にそのポストを配分する。こうすれば、各講座は五年に一年程度助手がいなくなるが、翌年にはまた助手を採用できるわけだ。

この虫のいい提案に対する枝野教授の反応は厳しいものだった。

「センターが、社会理工学研究科と経営工学専攻の将来にとってプラスになることは分かりました。しかし、事前に相談を受けていれば手の打ちようがあったかもしれませんが、事後承諾となると若手の連中は納得しないでしょう。先生と白川君に対する反感は尋常じゃないですからね」

「それでは、私の講座の助手はこれから先ずっと空席にする、ということで納得してもらえないでしょうか」

「最低でもそうしていただくしかないでしょう。来週の教授懇談会で事情を説明して、皆さんに頭を下げてください」

「分かりました。そうさせていただきます」

〝水原助教授に迷惑をかけることになるが、この際やむを得ない〟。

専攻会議は紛糾した。しかし、林教授と枝野教授がとりなしてくれたおかげで、最終的には了解を取り付けることに成功した。

前年度に書いた概算要求書は良くできていると思っていたが、経理部長はクレームをつけた。

「文部省の審査をパスするためには、担当者が理解できる平易な言葉で書く必要があります。彼らは理財工学について、全く知識がありませんからね」

「分かりました」

「書き直した後で、経理部の職員にレクチャーしていただけませんか。彼らの協力を得るためには、何ゆえにこのプロジェクトが本学にとって大事なものであるかを知ってもらう必要がありますから」

そこで平野教授は、概算要求書を書き直し、学生に対する講義より平易な言葉を使って、三回にわたってレクチャーを行った。その時役に立ったのが、日経新聞の特別記事である。効果はてきめん、事務職員は燃え上がった。

ここに驚愕のニュースが飛び込んできた。東大の「先端科学技術研究センター（先端研）」が、金融工学をメインテーマとする「先端経済工学研究センター」を概算要求するというのである（この種の情報は文部省から経理部長を通して、即日東工大に伝わる）。

〝驚愕の〟と書いたのは、先端研とその支援組織である東大工学部には、金融工学の研究者は一人もいなかったからである。

研究センターを設立するためには、何らかの実績と、中心になる研究者の存在が不可欠である。経済学部には何人かの金融経済学の研究者がいるから、彼らが中心になって「金融経済学研究センター」を要求するのであれば納得できる。

実績がない先端研が、経済学部と事前に協議を行わずに、単独で概算要求することを決めたのは、通産省で行われた木村・東工大前学長の講演を聞いた先端研の黒田教授が、金融工学という将来性がある先端技術分野で東工大に先を越されるわけにはいかないと考え、多少無理があってもすぐに概算要求すべきだと主張したからである。

消息通によれば、このとき黒田教授は、〝東大と東工大から同じような予算要求が提出されれば、文部省はどちらかが要求を撤回するよう求めるはずだ（二つの同じ要求を通した前例は稀だからである）。どちらも譲らなければ、両方とも却下される。却下されたら十分準備したうえで、翌年再び予算要求すれば、東工大に先を越されずに済む〟と考えたのである。

黒田教授は東京水産大を卒業した後、東工大の大学院で博士号を取り、異例の若さで教授に昇進したバイオテクノロジーの権威である。ところがこの人は数年前に、実験設備・大学院生もろとも（恩義がある）東工大から先端研にトラバーユしてしまった。

またその一年後には、就任してから一年も経たない技術経営論の第一人者である小山教授が、経営工学専攻から先端研に引き抜かれている。

この時以来、東工大にとって先端研は〝悪魔の棲家〟になった。裏切者・略奪者集団に負けるわけにはいかないと考えた内藤学長は、経理部長に「絶対に負けるな」と発破をかけた。発破をかけられた経理部長は、平野教授にねじを巻いた。

「学長が本気なので、絶対に通しましょう」

「よろしくお願いします」

「通すためには、新規人員要求を一人に減らす必要があるかもしれません。文部省はOKしても、大蔵省が認めてくれないでしょうから」

平野教授は〝大蔵省は大丈夫です〟という言葉を飲み込んで抗議した。

「三人でやれというのですか。それでは竹やりでB29に挑むようなものです。四人に減らされたときにも撤退しようと思いましたが、三人では絶対に無理です」

「困りましたね。二人要求して潰れたら、ダメだと分かっていてなぜ要求したのか、と言われてしまいます。平野先生。小さく生んで大きく育てるという言葉があるでしょう。二〜三年したところで、新規定員を要求すればいいじゃないですか」

「少し考えさせてください」

〝学長が乗り気で、経理部長や事務職員が本気になっているのに、ノーと言えるだろうか。もし撤退して、東大の要求が通ったら、東工大敗戦の責任者として末永く語り伝えられる。しかも東大の旗振り役は、三〇年前に明治百年記念懸賞論文「二一世紀の日本　十倍経済社会と人間」を書いて以来の盟友である野口悠紀雄教授である〟。

高校時代以来の友人である野口教授は、わが国を代表するスター・エコノミストである。二冊の一〇〇万部超のベストセラー『「超」整理法』（新潮新書、一九九三）と『「超」勉強法』（講談社、一九九五）で有名人の仲間入りを果たしたこの人は、〝落下傘勉強法〟でいち早く新しい知識を吸収し、たちまち専門家になる「超」勉強家である。

落下傘勉強法とは、麓から山の頂上を目指すのではなく、ヘリコプターから落下傘で頂上に降り立ち、果実を手に入れる超効率的な勉強法である。経済評論家として成功したのは、この勉強法のおかげである。

しかし金融経済学ならともかく、金融工学は落下傘勉強法でマスターできるほど簡単なものではない。そこで先端研は、三度目の略奪作戦を発動するのである。

とりあえず今年、先端経済工学研究センターを概算要求する。東大と東工大から瓜二つの要求が出てくれば、文部省はどちらか一方に取り下げを要求する。どちらも取り下げなければ、両方とも却下する。

却下されたら、一年かけて各方面に根回しする。そして東工大から平野教授をスカウトして、金融工学のセンター・オブ・エクサレンスを目指す――。

なぜ平野教授はこのことを知っているのか。ほかでもない、野口教授自身の口から直接この戦略を聞かされたからである。

平野教授はこのことを知ったとき、先端研なら考えそうなことだと思った。しかし、平野教授は『工学部ヒラノ教授』（新潮社、二〇〇二）で紹介した〝工学部の教え七ヶ条〟にある通り、仲間の信頼を裏切らないことをモットーとする生き物だった。

東工大の研究科長を務めた男が、東大教授の肩書に幻惑されて、三度目の略奪計画に乗ったら、一生東工大の仲間たちに顔向けできなくなる。

東大出身の平野教授は、経営システム工学科に移籍するまでは、できることなら東大教授になりたいと思っていた。一橋大学の看板教授だった野口教授が、定年まで五年しかないのに東大に移籍したのも、東大教授になりたい症候群のなせる業だろう。東大出身者にとって東大教授のポストは抗いがたいものなのである。

しかし経営システム工学科に移籍してから、平野教授の東大教授コンプレックスはなくなった。東工大の経営システム工学科は、日本の頂点に立つ学科だからである（東大にも京大にも経営システム工学科はない）。

実績がない先端研のセンターが、目覚ましい成果を挙げる見込みはない。ここで東工大が撤退すれば、理工系大学に金融工学の研究拠点を作り、世界に伍して戦うという構想は崩壊する。

経理部長は、センターを作ればそれだけで実績になる。この人は一～二年すれば、ローテーションで文部省本省に戻るから、〝あとは野になれ山となれ〟なのである。しかしセンターが計画通りの成果を挙げなければ、金融工学の旗手の顔がつぶれる。

平野教授と白川助教授は、経営工学専攻との兼務だから、センターだけに力を割くことは出来ない。しかも平野教授は二年で定年になる上に、白川助教授は慢性肝炎という病気を抱えている。

この種のセンターの設置期間は、一〇年間というのが相場である。それまでに十分な成果を挙げれば、引き続き一〇年間の存続が認められるが、成果が上がらなければ廃止される。つまりセンターの成否は、スタートダッシュにかかっているのである。

たとえ離陸に成功しても、三年目に行われる中間評価で合格点を貰わなければ、二期目を迎える前に墜落する可能性もある。その頃には平野教授は東工大を辞めているが、三〇年に及ぶ大学生活における最大の汚点になる。

眠れない一夜を過ごした後、ともかく白川助教授の意見を聞かなくてはならないと考えていたところに、経理部長から電話がかかってきた。

「おはようございます。センターの件ですが、新規定員が一人では計画達成は難しいということですので、とりあえず二人要求することにしましょう」

「よかった。少し安心しました」

ところが、文部省に概算要求書を提出する一か月前になって、経理部長から再び電話がかかってきた。

「文部省にサウンドした結果、新規人員要求は一人、学内定員の融通三人でやることにしたいので了承していただけませんか。東大も新規人員要求は一人なので、それを上回る要求は出来ません」

悲しいかな。文部省におけるランクは、東大の方が東工大より上なのだ。

「三人目はどこから出すのですか」

「学長はおひざ元の電気から出してもらう、と言っておられました」

「電気グループは、かねがね金融工学には否定的ですから、了解してくれないでしょう」

彼らは、〝そもそも金融工学は学問なのか〟、〝金融工学は富める者に奉仕する強欲工学ではないのか〟、〝日本の銀行がつぶれても、外国の銀行がお金を貸してくれるから、何の問題もない〟などという言葉で、金融工学批判を繰り返していた。

「学長は森泉先生と相談のうえ、先生にご連絡すると言っておられました」

森泉教授は、電気グループの重鎮である。これまでいくつかの委員会で同席する機会があったが、信頼できる人物とお見受けした。

翌日、平野教授は内藤学長から呼び出された。

「森泉さんに、これまでの事情を説明しておきました。ポストの融通の件は初めて聞く話なので、まず先生のお話をお聞きした上で考えたいと言っていました」

「見通しはどうでしょうか」

「五分五分でしょう」

すでに書いた通り、電気系には金融工学に否定的な人が多い。特に末松学長の流れをくむ人は絶対にノーである。経営との交渉のときは、林、枝野という二人の重鎮が好意的だったし、自分たちの専攻と接点があるプロジェクトだから、若手も渋々ながら賛成してくれたが、今回はそれとは比較にならないくらい難しい交渉になるだろう。

電気グループとの会合が開かれたのは、文部省に概算要求書を提出する一か月前だった。六時少し前に電気グループの会議室に出向いた平野教授は、一ダース近い大物教授を前にしてやや怯んだ。

電気工学グループは、東工大で最も力がある集団である。一〇人以上の実力教授を前にした平野教授は、『切腹』という映画で十数人の敵と立ち向かう仲代達矢を思い出した。白貝教授グループ五人を相手にした、一〇時間に及ぶ筑波時代の決闘を上回るバトルである。

最初に調停役を務める森泉教授が発言した。

「平野先生。お忙しいところおいでいただき、ありがとうございます。早速ですが、理財工学研究センターについて手短に説明をお願いします。なおここにお集まりの皆さんには、あらかじめ概算要求書と日経新聞の連載記事のコピーをお渡ししてあります」

「お忙しい中お集まり頂きいただき恐縮です。どのくらいのお時間をいただけるでしょうか」

「とりあえず二〇分くらいでお願いします」

文部省でのヒアリングに向けて、経理部の職員を相手に十分リハーサルしてあったので、趣旨説明はスムーズに終わった。

「それでは皆さん。ご質問があれば手を挙げて下さい」という森泉教授の言葉に対して最初に手を挙げたのは、内藤教授が学長に就任した後、教授に昇進したばかりの村山教授である。内藤教授の講座の助教授だった人なので、好意的な意見を述べてくれると思ったが、当てが外れた。

「センター設立の趣旨は分かりました。本学としては、このような分野の研究に乗り出すことも必要でしょう。しかし、われわれとは何の接点もないセンターのために、貴重な定員を回せというのは、筋違いではないでしょうか。まずは経営とつながりがある機械グループと交渉されてはどうでしょう」

〝確かに経営は、組織上は機械工学グループの一員である。しかしモノづくり至上主義の彼らは、東工大の中で金融工学を最も敵視しているグループだから、交渉の余地はない。この際電気グループを頼るしかない〟。

「何の接点もないと仰るのは、ちょっと違うと思います。たとえば、われわれが考えているインターネット・ファイナンス・プロジェクトは、資金を必要とする中小企業と投資家がインターネット上で取引を行うものです。このプロジェクトには、高度な情報セキュリティ技術が必要になります。それだけではありません。これから先は、株など証券の売買も電子的に行われることになるでしょう。このようなシステムを実現するためには、情報技術がカギを握っているのです」

「なるほど。何の接点もない、という発言は取り消しましょう。しかし、うまくいくかどうかわからないプロジェクトのために、貴重なポストを提供するのは困難です」

「その辺りは十分承知しております。定員四人のセンターを実現するために、文部省に三人の新規定員を要求するつもりでしたが、経理部長つまり文部省の指示で、二人に減らされてしまいました。

そこで経営工学専攻の助手ポストを一つ回すことにしたのですが、土壇場になって経理部長からもう一人減らすよう指示されました。学内から三人の定員を回すということで文部省の暫定的了解をもらいましたので、どこかからもう一人出していただかないと、センター構想はつぶれてしまいます。

先ほどご説明いたしました通り、今回は絶対に東大に負けられないということで、学長先生からおひざ元の電気の皆さんにお願いするよう指示が出たというわけです」

「学長がそう言われたとしても、はいそうですかというような簡単な問題ではありません」

「そこのところなんとか宜しくお願いします」

この後一時間以上質疑応答が行われたが、大半のメンバーは、教員ポストの融通にはネガティブだった。やや誇張していえば、〝外様・株屋教授〟は、一〇人以上の〝生え抜き・保守本流教授たち〟によってサンドバッグにされたのである。

電気グループとの協議は、このあと二回行われたが、けんもほろろだった。このままいけば時間切れで、要求を取り下げなくてはならないと思っていたとき、四回目の会合が招集された。そこで森泉教授が行った提案は、まったく予想しないものだった。

「このままでは、センター構想は取り下げざるを得なくなります。われわれが定員を融通しないと、学長や部局長が支持している構想を、電気グループがつぶしたといわれるでしょう。そこで提案です。電気から助教授ポストを一つセンターに融通する。ただし、その人事権は電気が持つ。電気の皆さんはそれならOKだと言っています。平野先生、どうでしょう」

つまり電気グループは、形だけ定員を出すことにして、実質的には出さないということである。森泉教授は、始めからここが落としどころだと思っていたのかもしれない。経理部長同様、電気グループとしては、センターが出来さえすれば、あとはどうなっても構わないのである。センターが業績不振で廃止された場合は、ポストを回収するだけの話である。いかに理不尽だといっても、ここまで来た以上飲まざるを得ない。この結果平野教授は、〝電気グループが理財工学研究センターに融通する助教授ポストの人事権は、センターが存続する限り、電気グループが持つことに同意いたします〟という屈辱的な念書にサインさせられることになったのである。

文部省のヒアリングは、六月末の蒸し暑い日に行われた。場所は霞が関にある文部省本省の地下食堂である。

出席者は東工大側が、平野教授、古川教授、白川助教授、（大学事務局ナンバーワンとナンバーツーの）事務局長と経理部長の五人。これに対する文部省側は、概算要求担当の係長とヒラ職員の二人だけである。この構成を見れば、文部省と東工大の力関係が分かるだろう。

エアコンが効かない食堂で、平野教授は全力を振り絞って、概算要求内容を説明した。説明が終わった後、係長はシニカルな笑いを浮かべながら口を開いた。

「金融分野については、これまでも経済学部や経営学部にかなりの人員と予算を配分しています。なぜ厳しい財政事情の中で、いま東工大がこのセンターを作らなくてはならないのですか」

待っていましたとばかり平野教授は、

・金融理論は、ここ数年の間に経済学から工学にシフトしていること
・欧米諸国では、理工系大学が続々とこの分野に乗り出していること
・東工大は国内でただ一つ、この分野で実績を上げている理工系大学であること
・金融業界は東工大のセンターに期待していること

などを力説した。しかし係長は

「設立の理由は分かりましたが、わずか四〜五人のスタッフで、日本の金融ビジネスを改革する研究が出来ますかね」、「センターを作るためには、毎年五〇〇〇万円以上の国費が必要になりますが、それだけの価値はあるでしょうか」という皮肉な言葉を連発した。

大学に戻って、これでは通らないと悲観していたところに、経理部長から、文部省の感触は上々だったという電話連絡があった（通す気がない要求に対しては、文字通りぼろくそな言葉を浴びせるとやら）。特に三人の学内定員をセンターに融通したことで、東工大が全学を挙げてこのプロ

ジェクトを支援していることが伝わったということだ。

このとき平野教授は、東大と東工大の両方にゴーサインが出るという感触を得た。世間での金融工学フィーバーを考えれば、両方ともバツにするわけにはいかない。また東工大を通したら、国立大学の序列から見て、東大を落とすことは出来ない。一方東工大を落として東大を通せば、文部省の見識が問われる。

予想通り東工大も東大も文部省の審査をパスした。しかしこのあと大蔵省との折衝がある。そこで平野教授は、霞が関の官庁に勤める数少ない東工大OBの伝手を頼りに、大蔵省の大物OB、金融監督庁高官などと面会して支援をお願いした。

おそらく東大勢は、大蔵省OBだけでなく、現役官僚にも組織的攻勢をかけているだろう。大蔵省高官の大半は東大出身者だから、東工大より東大の方が圧倒的に有利である。

劣勢を跳ね返すべく平野教授は、東大とスタンフォード大学のダブル後輩で、東工大に赴任した当時、経営システム工学科で助手を勤めていた鳩山由紀夫氏（民主党副代表）に陳情に出かけた。

助手時代の鳩山氏は、上司である助教授のパワハラに苦しめられる、気が弱いお坊ちゃまだった。専修大学助教授に転じたあと数年して、自民党から衆議院選挙に出馬したとき、かつての友人や同僚たちは耳を疑った。かねがね全く政治には向かないと自認し、周囲もその通りだと思っていた人物だったからである。

鳩山氏は先輩の依頼に一〇〇%の協力を約束した上で、相棒である東工大出身の菅直人氏（民主党代表）に引き合わせてくれた。超多忙の中、菅氏は協力を約束してくれた（二人とも忙しいので、翌日には忘れていただろう）。

一二月末、経理部長から〝新規定員一名、学内融通定員三名、客員教授一名〟のセンターが大蔵省の査定をパスしたという知らせがあったとき、平野教授は複雑な気持ちだった。

センターができるのは嬉しいが、これから先沢山の仕事が待っていることを考えると憂鬱になるのだった。陳情先へのお礼参り、センターの規約作り、マスコミとの対応、お金集め、人集め、プロジェクトの協力企業との打ち合わせ。年が明けたら早速あちこち飛び回らなければならない。また滞っている研究にもテコ入れしなければならない。

平野教授は年末から人集めを開始した。海外から呼んでくる客員教授の候補は、かねて平野教授と研究上の協力関係があるフロリダ大学のスタニスラフ・ユリアセフ教授。

センター専任スタッフの第一候補は、白川助教授である。経営工学専攻専任、センター兼任であれば、専任教員ポストが一つ浮くわけだが、本人が絶対ノーだと言うのでやむを得ない。

二人目はＩＢＭ東京基礎研究所に勤める手島博士。この人はデリバティブの価格計算ソフトで、ＩＢＭに一億円の利益をもたらした金融工学のエースで、しばらく前に白川助教授を通じてサウンドしてもらったところ、前向きの回答を得ている。

三人目は、白川助教授と相性がいい経営工学専攻の日野助教授。意思決定支援システムの専門家で、経営では当分教授昇進の見込みがないので、（アメリカからこの人を連れて来た）枝野教授もセンター移籍に賛成している。

四人目は電気から融通してもらうポストなので、先方に任せるしかない。

ところが、暮れに交渉を開始したところ、ＩＢＭの手島博士には断られてしまった。東大の先端経済工学研究センターから声がかかっていたのである。一同切歯扼腕したが、東大出身者が東大教授に迎えられるのであれば、如何ともしがたい。

代わりに誰を連れてくるか。白川助教授の兄弟子で、政治力がある木崎博士を連れてきたいところだが、これには白川助教授が強い難色を示した。この人事を強行すれば、いずれ白川助教授と衝突する可能性が高い。

結局手島博士の代わりは、白川助教授が推薦する小宮博士に落ち着いた。この人はＩＢＭで手島博士とともにデリバティブの価格計算に携わってきた数学者である。才能があることは確かだが、木崎氏のような馬力と政治力はなさそうだ。

電気グループが推薦するのは、暗号理論の研究者である尾島助教授。全く土地勘がない植民地に飛ばされて、不運を嘆いたことだろう。

理財工学研究センター（CRAFT）が発足したのは、一九九九年四月一日である。同じ日にスタートした東大の先端経済工学研究センターとともに、設立前からしばしばマスコミに取り上げられた（残念なことに、新聞の扱いは東大の方が大きかった）。

発足に先立って、白川助教授は四〇歳の若さで教授に昇進した。「教授の肩書がある方が、企業との共同プロジェクトを進め易いのではないか。あなたが辞めた後、若手教授陣の反対を押し切って、白川助教授の教授昇進を実現するのは難しい」という、林・枝野両教授の申し入れを勘案した結果である。

白川教授は、大蔵省のゴーサインが出るや否や、「インターネット・ファイナンス・プロジェクト」構想への協力を求めて、五つの企業との交渉に飛び回った。〝多数の中小企業の信用リスク（倒産確率）をリアルタイムで計算して、貸出金利のベンチマークをネット上で公開する。投資家はこの情報をもとにして、オークションで資金を提供する〟という構想である。

銀行は、将来大きな利益を生む可能性があっても、担保がなければ中小企業にはお金を貸さない。一方投資家は情報がないために、中小企業に投資するチャンスがない。この隙間を埋めようという画期的なプロジェクトである。もし成功すれば、日本の金融システムを抜本的に改革する可能性を秘めたプロジェクトである。

このプロジェクトを完成させるためには、信用リスク計量モデル、セキュリティ・システムの設計、企業財務データベースの構築など、最低でも四～五年はかかる。うまくいかないかもしれない。うまくいく見込みが出てくると、収益源を奪われる銀行がつぶしにかかる可能性もある。

一方平野教授の「次世代資産運用プロジェクト」は、ハイリスク・ハイリターンの白川プロジェクトとは対照的な、ローリスク・ローリターン・プロジェクトである。画期的な成果は望めないが、白川プロジェクトが失敗に終わった場合のリスク・ヘッジになる。

平野教授は、白川プロジェクトで決定的な役割を果たす、倒産確率推計アルゴリズム（計算方法）の改良を依頼された。白川教授が開発した「ＣＲＡＦＴスコア」は暫定的なものなので、実務に使う上では不安が残る。そこでより信頼できる方法を考案してもらえないか、というのである。

超多忙にもかかわらずこの仕事を引き受けたのは、日本のどこを探しても、自分以外にこの研究をやれる人はいなかったし、大島教授グループが開発した手法を使えばうまくいく可能性があると考えたからである。

12 離陸・片肺飛行・墜落

一九九九年四月二日に開催された、理財工学研究センターの設立記念シンポジウムには、大学と金融ビジネスに勤める約二〇〇人のエンジニアが詰めかけた。彼らは、この日を待ちかねていたのである。

平野・白川コンビは、三か月ごとにシンポジウムを開催し、二つの官民共同プロジェクトを走らせ、スタッフは各々年に二編以上の論文を書くという計画を立てた。このノルマを達成するために平野教授は、ウィークデーは朝七時から夕方七時まで、土・日も隔週七時から三時まで、年間約三五〇〇時間以上働いた。しかしこれだけ働いても、センター長、プロジェクト・リーダー、経営工学専攻教授という三つの職務をカバーするには十分でなかった。

十数人のモノづくりエンジニアで構成される「センター運営委員会」の委員長、次世代資産運用プロジェクトの協力企業との打ち合わせ、マスコミとの対応、接客活動などは、センター長の仕事である。しわが寄ったのはセンター管理業務である。

大小さまざまな問題を抱えながらも、エアフォース・ワンはひとまず順調な飛行を続けた。

日本中に金融工学旋風が吹いていたおかげで、この頃は学内の反・金融工学勢力も鳴りを潜めていた。

ちなみに、二〇〇一年に開催されたソフトウェア特許問題に関するシンポジウムで、パネリストの一人である末松元学長（国立情報学研究所長）は、金融工学の旗手の奮闘を称賛してくださった（リップサービスだったのかもしれないが、平野教授は「やったぜベイビー」と歓声を上げた）。

インターネット・ファイナンス・プロジェクトにゴーサインを出すに先立って、平野教授は金融機関に勤める数人の研究仲間にヒアリングを行った。彼らは白川教授の研究能力を絶賛する一方で、プロジェクト・リーダーとしての資質には疑問を呈した。

企業との共同研究は、大学における研究とはかなり様相が異なる。なぜなら企業にとっては、投資した資金がいつどれだけの収益を生むかが最も大事だからである。この基準に照らして見込みがないと判断すれば、すぐに撤退を考える。

また各企業には独自のカルチャーがあるから、それらをすり合わせながらプロジェクトを成功に導くためには、忍耐力が必要である。忍耐力、これこそ直情径行な白川教授に最も欠けているものである。

心配は現実のものとなった。白川教授は、プロジェクトがスタートして間もなく、ある協力企業との打ち合わせの席で、二回り年上の老経営者を「あなたの考えは時代遅れだ」と面罵した。このとき社長は、「あなたは高校生のように純真な方ですね」と応じたが、この後間もなくこの企業との共同研究契約は破棄された。

このような発言を許したのは、センター長の責任である。過去に何回もこのようなことがあったので、その都度自重を求めたが、全く効果がなかった。

白川教授をよく知る研究仲間も、プロジェクトが成功するためには、センター長がしっかり手綱を握ることが重要だと言っていた。しかし平野教授には、奔馬を操る能力も時間もなかった。操ることが出来る人がいるとすれば、白川夫人だけであるが、夫を崇拝するこの人にそれを期待するのは現実的でない。

しかも白川教授は、平野教授が応援を申し出たとき、「このプロジェクトはぼくに任せてください」という言葉で協力を断っている。断られた平野教授は覚悟した。このプロジェクトは白川教授に任せるしかない、と。

定年は目前に迫っていた。木村学長が文部省と折衝した結果、しばらく前に全員一律五年間延長が決まったが、それが実施されるのは二〇〇三年四月から、即ち平野教授が退職した後である。

木村学長に伺ったところでは、末松学長は平野答申を握りつぶしたわけではなかった。文部省にサウンドしたところ、業績の有無にかかわらず、すべての教授の定年を一律延長することに文部省が難色を示したため、取り下げざるを得なかったということだ。

延長が認められたのは、年金支給開始時期が六五歳まで延期されることが決まったからである。六〇歳で定年を迎える教授は、再就職口がなければ五年間年金なしの生活を送らなければならない。それはいかにも気の毒だというわけである。

ただしすぐに延長すると、人事に対する影響が大きすぎるので、団塊の教授たち（一九九九年から二〇〇一年の三年間は、理工系大学拡充のおかげで教授になった、約四〇人が定年を迎える！）が退職した後で実施することになったのである。

二〇〇一年三月、平野教授はセンターの後事を林教授に託して、中央大学理工学部の「経営システム工学科」に移籍した。

退職するにあたって、使い残した八〇〇万円の奨学寄附金の三分の一を水島助教授に、三分の一を白川教授に、そして残りの三分の一を社会理工学研究科の事務スタッフに贈与した。

奨学寄付金というのは、研究上関係が深い教員に企業が提供する研究費で、国から支給される各種研究費と違って使用目途の制限が緩く、研究会を開催した際の懇親会費用などに充当することが出来る（このことを知ったのは、中央大学に移籍したあとである）。

水島助教授に対する三〇〇万円は、教授になってからも助手なしで過ごすことに対する慰謝料である。この程度では納得してもらえないかもしれないが、ないよりはましだろう（と思っていたところ、水島助教授は教授に昇進したあと間もなく助手ポストを配分されたから、三〇〇万円は丸儲けになった）。

理工系大学が規模縮小に追い込まれる中で、都心にある七〇歳定年の中央大学に再雇用された平野教授は、四〇人の退職教授の中で最も恵まれた存在だった。このような幸運に恵まれたのは、八〇年代半ばに、中国科学技術大学での苦行に耐えたご褒美である。

この仕事を平野教授に依頼した久米教授は、東大を定年退職した後中大教授になり、東工大経営システム工学科出身の鎌倉教授と協力して、平野教授の人事をプロモートしてくださったのである。二か月の苦行が、一〇年間の恵まれた生活を運んできたという次第である。

二〇〇三年に六五歳定年制が施行された後、東工大教授の再就職状況は大きく変わった。国立大学の大半が六五歳定年で横並びになったため、再就職先は七〇歳定年の私立大学だけになったからである（特別な研究業績がある教授を除けば、退職教授を雇ってくれるのは私立大学だけである）。

ところが私立大学側も、定年まで五年しかない老教授にポストを提供することを躊躇う。教授会で人事の承認を得るためには、最低でも六か月は必要である。赴任してから一年程度は見習い期間である。そして定年三年前になると、博士課程の学生を採用できなくなる。

つまり、六五歳で退職した老教授は戦力にならないのである（大騒動の末、東工大に続いて定年延長に踏み切った東大では、六〇歳を過ぎたらなるべく早く他大学に転職するよう奨励している）。

この結果大島教授のような世界的研究者も、東工大を退職した後は悠々自適の生活を送ることになった。この人は資産家だから、収入がなくても困ることはなかっただろうが、大半の教授は年金を頼りに、つつましい生活を送らなければならないのである。

二〇〇一年五月に実施された外部専門家による中間評価で、理財工学研究センターはトリプルAの判定を受けた。二年間に八回のシンポジウム、二〇編あまりレフェリー付きジャーナル論文、一二編のレポート、二つのプロジェクト、一件の特許、二冊の啓発書などを発表したことからすれば、当然の結果である。この知らせを聞いた平野教授は、〝このままいけば、三年後には新規定員を要求することが出来るだろう〟と考えた。

ところがここで思いがけない事件が発生した。二〇〇一年六月に、白川教授がプロジェクトの打ち合わせ中に人事不省になり、病院に担ぎこまれたのである。林センター長は、過労のせいだろうと言っていたが、このとき平野教授は悪い予感に脅えた。

白川教授は順天堂大学病院に検査入院した後、プロジェクトに復帰したが、一〇月に再入院。手術によって病巣は取り除かれたということだが、翌年三月に再々入院したときには、がん細胞は全身に広がっていた。

白川教授は以前からC型肝炎を患っていた。母子感染だから、四〇年以上この病気と闘ってきたわけだ。現在であれば様々な治療法があるが、この頃は感染してから二〇年ほどで肝硬変、肝臓がんに移行して死亡する人が多かった。

白川教授は二〇〇二年四月に、四二年の太く短い生涯を終えた。センターを作っていなければ、もう一～二年長生きできたかもしれない。健康状態が良くないことを知りながら、激務を強いた平野教授の責任は重い。

しかし、遅かれ早かれ死は訪れたわけだし、自分が立ち上げたセンターで思い通りの活動が出来たのだから、本人に悔いはなかった、そしてセンターが辿った無惨な運命を知らずに亡くなったのは幸運だった、と信じることにした。

当初の計画通り、八人のスタッフでスタートしていれば、白川教授亡き後もプロジェクトの継続は可能だったかもしれない。しかし残された三人のスタッフの中に、白川プロジェクトを引き継ごうとする人はいなかった。そしてまことに残念ながら白川構想は、日本ではなく海外で実現されることになるのである。

白川教授の死の一年後、東工大に「大学院・イノベーション・マネージメント研究科」が設立されることになった。研究科がカバーする主たる領域は、技術経営（知的財産権問題）である。

新組織を作るにあたって、文科省はいつも通り学内定員の拠出を要求した。ここで狙われたのが、定員四人の弱小・理財工学研究センターである。白川教授亡き後、センター運営は行き詰まっていた。センター・スタッフは、〝新大学院に金融工学部門を設置し、これまで通りの研究環境を用意する〟という大学執行部の提案を受け入れた。

理財工学研究センターは、枝野教授の尽力で、学内組織として存続することになったものの、国からの資金的・人的支援がなくなったあとは、名前だけの存在になった。

センターの廃止が決まったとき、木村元学長は、「社会理工学研究科の目玉がなくなったのは痛恨の極みだ」と言ってくださったが、金融工学がお嫌いな末松元学長直系の伊賀学長の下では、廃止は避けようがない運命だったのだろう。

なお東大の先端経済工学研究センターは、東工大のセンターより一年早く、親元の先端研に吸収されたから、理工系大学における金融工学の拠点は完全に消滅したのである。

東大、東工大代わって金融工学の担い手として期待されたのが、一橋、明治、青山学院などに設立された一群のビジネス・スクールである。多くの戦略家を擁する一橋大は、ビジネス・スクールの立ち上げにあたって、文科省から破格の厚遇を受けた。都心の高層ビル内のオフィスと、正確なところは分からないが、四〜五人の新規定員が配分された模様である。

しかし、ビジネス・スクールの本務は教育であって研究ではない。したがってここに勤める教員は、研究よりも教育に多くの時間を割かなければならない。また学生の大多数は、修士号取得を目指す企業人だから、博士課程に進んで研究者をめざす人はほとんどいない。

工学研究を行う上では、博士課程の学生の協力が不可欠である。この意味でビジネス・スクールは、金融工学の研究には向かないのである。

一橋大のビジネス・スクールが発足して間もないころ、文科省のアドバイスを受けた石弘光学長は、理財工学研究センターとの合併（実際には吸収）を提案したが、内藤学長と平野センター長はお断りした。ビジネス・スクールと合併したら、教育活動に時間をとられて、研究活動がおろそかになるからである。

ハーバード、スタンフォード、コロンビアなどの一流ビジネス・スクールに勤める金融工学研究者は、OR学科、統計学科、数学科、計算機科学科などに出店を作って、そこの学生と協力して研究活動を行っている。アメリカでもビジネス・スクールには、研究者を目指す学生が少ないからである。

しかし日本の大学には、アメリカのような柔軟な環境は用意されていない。したがって日本のビジネス・スクールは、金融工学研究の拠点にはなりえないのである。

中大に移った平野教授は、東工大時代の三倍以上の学生の面倒を見なくてはならなかった。これはかなりの負担だったが、三人に一人は東工大の学生並みに優秀だったので、それまでと同じペースで研究を続けることが出来た。私学に再就職した同僚の多くが、ティーチング・マシーン生活を強いられたことを考えれば、これはまことに幸運なことである。

白川プロジェクトは、中小企業への貸出金利を計算するためのＣＲＡＦＴスコアを生み出した。より精密なスコアを求めるためには、難しい最適化問題を解く必要がある。平野教授はセンター発足前の時点で、白川教授からこの問題を解くよう依頼を受けていたのだが、東工大在任中に解くことは出来なかった。

平野教授は中大に移った後も、いつの日かこの問題を解きたいと思っていた。問題の定式化は白川教授の存命中に完成していたが、それは従来の技術では解けない整数二次計画問題だった。

答えを出すためには別の定式化を考える必要がある。論文が一編書きあがるたびに白川問題に立ち返り、数式をひねり回したが、解決の方策は見つからなかった。まもなく来世で白川教授と顔を合わせるときに、「力が及ばなかったよ。無能教授で申し訳ない」と謝ることになるのだろうか。

あきらめきれない平野教授は、この問題を整数線形計画問題として定式化しなおし、若い研究者の間で評判になっている「ＣＰＬＥＸ」というソフトを試してみた。すると、いともあっさり解けたのである。これほど驚いたのは二〇年ぶり、線形乗法計画島に埋まっていた鎖を発見して以来である。

長い間研究者稼業を続けていると、問題が与えられたとき、その問題が（現在の技術水準で）解けるか、解けそうもないかが直感的に分かる。解けると思った問題は、頑張れば解ける。解けそうもないと思った問題は解けない（だからそのような問題には関与しない）。

この中間にある問題は、運が良ければ解ける。暫く頑張ったあと解けそうもないと思ったら、潔く撤退する。

白川問題は（平野教授が生きている間には）解けないはずの問題だった。しかし、新しい技術が出現したおかげで解けたのである。このとき決定的な役割を果たしたのが、ダンツィクとフヴァータルのバイブルで身に着けた線形計画法の知識だった。これで白川教授には、「少し遅くなったけれど解けたよ」と報告することが出来る。

しかしこの問題が解けたあと、平野教授は研究意欲を失った。〝やれることはやった。ここから先は、優秀でエネルギッシュな後輩たちに任せた方がいい〟、と思うようになったのである。つまり平野教授の研究者人生はここで終わったのである。二〇〇九年のことである（平野教授はこれ以後、工学部の語り部を目指すことになった）。

13　社会理工学研究科の解体

平野教授は、「理財工学研究センター」が、金融、流通、テクノロジー・マネージメント（技術経営）を研究するための「先端商技術研究科」の出発点になることを期待していた。知的財産権問題、金融工学という領域をカバーする「イノベーション・マネージメント研究科」は、その構想が具体化されたものと見ることができる。

しかし、新研究科の中心課題として位置付けられるはずだった金融工学は、マイナーな一部門にされてしまった。この結果東工大の金融工学グループは、一橋、早稲田、明治などのビジネス・スクールの陰に隠れてしまうのである。

なぜこのようなことになったのか。それはこの当時の大学指導部の中に、金融工学に理解を示す人がいなかったからである。今にして思えば、木村・内藤という視野が広い二人の学長がいなければ、理財工学研究センターは存在しなかっただろう。モノづくり集団は、金融工学が好きではない、はっきり言えば嫌いだからだ。

センター廃止が決まった直後に、平野教授は水島センター長と三人のセンター・スタッフが開催する〝お通夜会合〟に招かれた。彼らは「センターを守れなかったのは痛恨の極みです。しかし、これから先もセンターの理念を守って活動を続けるつもりなので、了解してほしい」と言っていた。

ところが、半年後に顔を合わせた小宮助教授は、「ぼくたちは騙されました。大学がこんなに恐ろしいところだとは知りませんでした」と述懐した。筑波大時代に、大学の恐ろしさをたっぷり経験した平野教授は、〝この人の傷は東工大を辞めるまでは癒されないだろう〟と考えた。

不運だったのは、川村教授である。二期四年にわたって情報理工学研究科長を務めた後、独立法人化に伴うスーパー雑用で消耗した挙句、六五歳で定年を迎えた後は、引退の道を選ぶことになったのである。

かねて心臓にトラブルを抱えていた川村教授は、「疲れたのでしばらく休みたい」と漏らしていたが、東工大に戻ったばかりに、大学管理業務にエネルギーを吸い取られてしまったのである。

長い間平野教授は、川村教授を経済学者のような厄介な人物だと思っていた。ところがこの人が、事務作業（雑用）を一手に引き受け、傑出した研究能力を持つ大島教授に、大混乱の中でもまずまずの研究環境を提供したことに敬意を抱くようになった。

大島教授が、「お役人になっていたら、事務次官になっていただろう」と評したように、この人の事務能力は傑出していた。だからもし学長になっていれば、石橋学長以来の名学長と謳われたのではなかろうか（東工大の学長は、相変らずモノづくりグループが独占している）。

経済評論家の中には、未だかつて一度も国際水準に達したことがない経済学部を棚に上げて、日本の工学部は国際競争力がないと批判する人もいるようだが、独立法人化後の厳しい環境の中でも、東大、京大に並んで、今なおＴＨＥ大学ランキングで一〇〇位以内に入っている東工大は、よく頑張っていると言えるだろう。

しかし、数兆円の自己資金を持つＭＩＴやスタンフォードに追いつく見込みはなくなった。せめて韓国、シンガポールなどの大学には負けないでほしいものだが、日本政府の高等教育軽視政策を見る限り、かつての地位を取り戻すことは難しそうだ。

二〇〇八年の春、平野教授は朝日新聞の一面で、日本の金融工学を築いた三人の功労者の一人として写真入りで紹介された。このとき、多くの友人から祝福の電話がかかってきた。

ところが、この数か月後にリーマン・ショックが襲ったとき、同じ朝日新聞にポール・サミュエルソン教授（ＭＩＴ）のインタビュー記事が載った。「今回の混乱の責任は、アメリカ政府の規制緩和政策と金融工学のモンスター、もっと言えば〝悪魔的・フランケンシュタイン的、怪物のような〟金融工学にある」

あまりにも無責任な発言に、平野教授は悲憤慷慨した。サミュエルソン教授は、デリバティブ理論でノーベル賞を受賞した金融工学のチャンピオン、ロバート・マートン教授（ＭＩＴ）の師であり、かねてより金融工学を支援してきた経済学者である。

リーマン・ショックは、金融工学手法を使ったふりをして、実際には金融工学専門家の警告を無視して、リスキーなＣＤＳというデリバティブを売りまくった、ウォール街の強欲ＭＢＡに責任があると確信していた平野教授は、朝日新聞にサミュエルソン教授への反論を掲載するよう要求した。しかし朝日新聞はこの要求を無視した。

このとき平野教授は考えた。半年前にあれほど持ち上げた平野教授の要求を無視したのは、〝やらせインタビュー〟だったからではないのか、と。

サミュエルソン・インタビューのインパクトは大きかった。半年前に平野教授を激励してくれた友人からは、「お前が首を吊るのではないかと心配している」という慰めのメールが届いたし、モノづくりエンジニアが、「やっぱり金融工学は駄目だった」と、積年の鬱憤を晴らす場面に立ち会っている。

この後平野教授は、〝このような無責任な意見は無視するに限る〟という仲間たちの意見を振り切って、『金融工学は何をしてきたのか』（日経プレミアシリーズ、二〇〇九）という本を書き、金融工学が目指すものを説明するとともに、サミュエルソン教授の的外れな見解に反論したが、サミュエルソン教授にもモノづくりエンジニアにも届かなかった（サミュエルソン教授はこの本が出るしばらく前に他界されたし、エンジニアの大半は、専門と趣味以外の本は読まないし買わないからである）。

現在も全国各地の大学に散らばる金融工学研究者が、ＯＲ学会やＪＡＦＥＥなどの学会を拠点に頑張っているが、金融工学悪玉論は今も多くのエンジニア集団に支持されている。

満七〇歳で中大を定年退職した後、平野教授は「工学部ヒラノ教授」を名乗って、東工大をはじめとする理工系大学の実態を紹介する物語を書き続けてきた。毎年二冊以上のペースで書いたので、そろそろ店仕舞かと思っていた二〇一六年に飛び込んできたのが、東工大の社会工学科が廃止されるという噂である。

文・理融合研究をうたい文句に、一九六〇年代半ばに設立されたこの学科には、世間の期待が集まった。文・理融合アプローチで、都市計画問題、環境問題、景観問題、教育問題などの社会問題に取り組むことを謳っていたからである。

個別の分野でそれなりの成果を挙げたものの、文・理融合アプローチで目覚ましい成果を挙げることは出来なかった。平野教授は筑波大時代に、「東工大の社会工学科は失敗だった。筑波大の社会工学科は、あの失敗を繰り返してはならない」という声をよく耳にした。

設立当初の社会工学科には、さまざまな分野の有力な研究者が集まった。川喜田二郎（文化人類学）、石原舜介（都市計画）、林雄二郎（社会設計）、鈴木光男（ゲーム理論）教授など。

しかし第二世代は、第一世代に比べると非力だった。そして環境問題のエースと目される華山謙教授が自ら命を絶った後は、猪熊教授の専制体制が生まれた。

平野教授は、社会工学専攻会議がに出席するたびに、萎縮するウサギたちの心中を思って真っ暗な気持ちになった。〝このようなグループから、時代をリードする研究が生まれるはずはない〟。

しかし、十分な研究成果が上がらなかったからと言って、半世紀の歴史をもち、二〇〇〇人に及ぶ卒業生を抱えている学科を廃止するのは、〝改革のためにはまず破壊を〟というメンタリティの大学執行部ならではのことである。

人文・社会群時代の平野教授は、社会工学専攻の教員として、何人かの大学院生の面倒を見たので、その中の二人にメールで問い合わせたところ、「別に驚きません。三〇年前に廃止されていても不思議ではありません」という返信があった。

当時から学生の評判がよくないことは知っていたが、自分の出身学科が廃止されても驚かない、という言葉に平野教授は驚いた。

ところがその後まもなく、社会工学科だけでなく、社会理工学研究科も廃止されるらしい、という噂が伝わってきた。国際A級大学を目指す新学長（モノづくりエンジニア）の下で業績評価を実施したところ、研究業績と教育業績で槍玉に上がったのだ。

研究業績を測る尺度は、教員が一流ジャーナルに発表する英文論文の量と質である。二〇〇四年にグーグル社が「Google Scholar」というサイトを立ち上げて以来、研究者がどれだけ多くの論文を書いているか、それらが学界でどのように評価されているかが一目で分かるようになった。

英文論文の数が少ない社会工学グループの評価は、社会理工学研究科が設立される前からBクラスだった。それ以上に低いのが、旧・人文社会科学系の価値システム専攻である。文系の研究者は基本的に日本語の論文しか書かないから、英文論文至上主義者が評価すればCである。すでに書いた通り、人文・社会群のスタッフの半数は、大学院での後継者育成、即ち博士を育てることには関心がなかった。文学教授や歴史学教授は、「一般教育組織でなければ東工大には来なかっただろう」と言っていた。

人文・社会群に文系大物教授が揃っていたのは、過重な教育負担や雑用に煩わされることなく、自分がやりたい仕事が出来たからである。ところが重点化された後は、教育負担と雑務が増えたため、かつての〝オアシス〟環境は失われた。この結果江藤淳、永井陽之助、吉田夏彦教授のようなスーパースターは、東工大に来てくれなくなった。彼らの代わりにやってきたのは、手堅いが目立たない研究者だった。

経営工学専攻は、電気、機械、化学などに比べればやや見劣りするが、論文数に関してはまずまずである。

研究業績評価のもう一つの指標は、どれだけ多くの博士を育てたか、である。この点から見れば、価値システムと人間行動システムはビロウ・スタンダードである。経営工学専攻は社会人博士を量産したW教授のおかげでスタンダードを満たした。

社会理工学研究科廃止の背景には、数年前から教養（リベラルアーツ）教育に揺り戻しが起こっていた、という事実がある。これから先は、一般教養を重視しなくてはならないが、大学院重点化によって手薄になってしまった。

この結果、人間行動システム専攻と価値システム専攻のメンバーの大半は、（かつてあれほど嫌っていた）外国語グループとともに、一般教育中心の「リベラルアーツ・グループ」として再編されることになった。

しかし、人文・社会科学グループは、綺羅星のようなスター教授が集まった、かつての「人文・社会群」の栄光を取り戻すことはできないだろう。

また廃止された社会工学専攻のスタッフは、本人たちの希望を受け入れて、約半数が新・経営工学専攻に、残りは環境・社会理工学院の社会・人間科学コースに分散所属することになった。

この結果経営工学専攻は、総勢三四人の大世帯に膨れ上がった（科学史・技術史グループは、一般教育中心のリベラルアーツ・グループに戻った）。これはかつての経営工学専攻の二倍を超える規模である。偶然ながら、これは物理集団に七人分のポストを奪われる前の筑波大学情報学類と同数である。

もし白川教授が健在であれば、そしてもしインターネット・ファイナンス・プロジェクトが成功していれば、理財工学研究センターはいま世界的に注目されている〝フィンテク（金融テクノロジー）〟のパイオニアとして輝いていただろう。そして社会理工学研究科は、その生みの親として高い評価を得ていたのではなかろうか。

しかし社会理工学研究科は、理財工学研究センター以外に、これはという新機軸を生み出さなかった。旧人文・社会科学グループの大半は、（労せずに）二階級特進を勝ち取った後も、一般教育と修士教育はやっても、育てた博士はほんの一握りに過ぎない。

東工大で文学、歴史学、法学などの博士号を取ろうとする学生はいないから、これは当然である。数少ない例外は、経営工学専攻から移籍したエンジニアと、大学院発足とともに価値システム専攻に採用された二人のエンジニアだけである。

文系教員は論文より著作を優先する。平野教授の経験では、専門的な本を一冊書くためには、レフェリー付き論文を三～四編書く以上の時間がかかる。一方、手軽に書ける一般向けの新書は（単なるアルバイトであって）研究業績にはカウントされない。理工系分野では、研究者が専門ジャーナルで発表する論文に引用されるものだけが、研究業績なのである。

一般教育が手薄になったうえに、研究業績が上がらないのだから、モノづくり・英文論文至上主義のエンジニアが主導権を握る東工大で、社会理工学研究科の評価が低かったのは当然である。木村元学長は、「研究科廃止について学長から意見を求められたとき、残念ながら認めざるを得なかった」と言っていた。

社会理工学研究科が廃止されたのは、設立から二〇年目の二〇一六年である。アメリカでは学科の統廃合は日常茶飯事である。学科が廃止されれば、教員は解雇される。日本でも学科が廃止されれば、教員を解雇することが出来る（公務員を解雇できるのは、組織が廃止される場合だけである）。しかし、社会理工学研究科を廃止するにあたって、すべての教員は（本人の希望に従って）別の組織に移籍した。

初代研究科長を務めた平野教授は、研究科の廃止にショックを受けたが、理財工学研究センターが廃止されたときに受けたショックの一〇分の一に過ぎなかった。平野教授の中における社会理工学研究科は、理財工学研究センターが廃止された時点で死んでいたのである。

社会理工学研究科長室には、歴代研究科長の写真が飾られていた。就任当時五五歳だった平野教授は、久しぶりに写真館で撮影してもらった若々しい自分の写真に満足していた。この写真はすでに廃棄されてしまっただろうが、間もなく訪れる葬儀の際に使えたのに残念なことをしたものである。

あとがき

筆者は満七〇歳で研究者生活からリタイアする直前に、筒井康隆氏の大ベストセラー『文学部唯野教授』（岩波書店、一九九〇）の向こうを張って、日本の秘境「東京工業大学工学部」を世間一般の人に知って頂く目的で、『工学部ヒラノ教授』（新潮社、二〇一一）という本を上梓した。

東工大の先輩・同僚の中には、「このような暴露本を書くのははしたない行為だ」、「誰でも知っていることしか記されていないつまらない本だ」などと批判する人がいた。

しかし筆者本人は，この本は（工学部関係者以外は誰も知らない）東工大工学部に関するさまざまな事実を記したドキュメンタリーであって、暴露本と呼べるような代物ではないと考えていた。

先輩・同僚諸氏の間で不評だったこの本は、一般読者（その大半は文系人）からは好意的に受け入れられた。初めて工学部という組織と工学部教授という生き物を知って、驚かれた読者も多かったようである。そのおかげで、筆者はその後七年余りの間に、一六冊の〝ヒラノ教授シリーズ〟を発表した。

その中の七冊は、ヒラノ教授と以下の大学及び研究機関とのかかわりを記したものである。

・「東京工業大学工学部」……『工学部ヒラノ教授と七人の天才』(二〇一三)。
・「東京大学工学部(応用物理学科・数理工学コース)」……『工学部ヒラノ教授と昭和のスーパーエンジニア』(二〇一五)。
・「電力中央研究所」と「国際応用システム研究所」……『工学部ヒラノ教授の研究所わたりある記』(二〇一八)。
・「スタンフォード大学工学部(OR学科)」と「ウィスコンシン大学(数学研究センター)」……『工学部ヒラノ教授の青春』(二〇一四)。
・「筑波大学(計算機科学科)」……『工学部ヒラノ助教授の敗戦』(二〇一二)。
・「パデュー大学(マネージメント・スクール)」……『工学部ヒラノ教授のアメリカ武者修行』(二〇一三)。
・「中央大学理工学部(経営システム工学科)」……『工学部ヒラノ教授の中央大学奮戦記』(二〇一七)。

残りの九冊のうち二冊は、これらの組織でヒラノ教授が遭遇した様々な事件を紹介した『工学部ヒラノ教授の事件ファイル』(二〇一二)と、ヒラノ教授をサポートしてくださった秘書たちを紹介した『工学部ヒラノ教授と四人の秘書』(二〇一二)である。

またそれ以外の七冊は、ヒラノ教授の中学・高校時代、食生活、介護生活、終活などの個人的な体験を記したものと、ヒラノ教授の専門である「線形計画法」と「論文作成のノウハウ」に関するものである。

つまり一六冊に及ぶシリーズの中で、工学部もしくは理工系の研究機関を扱ったものは七冊、筆者が最も長く勤務した東工大工学部に関するものは、『工学部ヒラノ教授』と『工学部ヒラノ教授と七人の天才』の二冊だけである。

筆者は当初このシリーズを、七五年間の「人生場所」が終わったところで終了させようと考えていた。しかしいつの間にかその期限を二年も超えてしまった。

シリーズ最後になるこの本は、初心に帰って工学部の語り部として、ヒラノ教授と東工大とのかかわりの詳細を記したもの、すなわち『工学部ヒラノ教授』の続編というべきものである。

かつての同僚諸氏は、「性懲りもなくまた暴露本を出したか」と批判するだろうが、それは甘んじて受けることにしよう。

一連の著書を通じて、研究・教育に励むワーカホリック教授だと思っていた読者は、ヒラノ教授が、体力が十分でないことが分かっているにもかかわらず、無謀にもマッターホルンに挑み、辛うじて墜落惨死を免れた男であることを知って、驚かれたかもしれない。

文学部や経済学部と同様、東工大にも大勢のコマッタ教授がいた。セクハラ、アカハラ、パワハラのハラハラ教授。研究費不正使用教授、カサノバ教授、唯我独尊教授、権力欲満開教授、純正怠けもの教授、などなど。

その一方で、要所要所に卓越した研究者がいた。これらのトリプルA級教授は、自分の才能と実績に絶対的な自信を持ち、次々と画期的な成果を挙げた。またたとえ逆境にあっても、同僚を嫉妬したり羨望したりするようなことはない。彼らは今般ノーベル賞を受賞した本庶佑教授のように、自らが設定した厳格な基準を守って生きている。

一方、ヒラノ教授を含む大多数の教員は、劣等感と羨望に苛まれる矮小な生き物である。矮小なるヒラノ教授は、この本で紹介した何人かの信頼すべき同僚、ライバル、天敵、反面教師、そして多くの才能豊かな学生たちに支えられながら、険しい山道を登った。これらの人々の助けがなければ、道半ばで挫折していたのではなかろうか。

思い返せば、ヒラノ教授はとても幸運だった。実績が乏しかったのに、（あの一言のおかげで）東工大工学部教授という、これ上望めないポストを手に入れたこと。一二年間わたって、人文・社会群という〝オアシス〟環境で、快適な生活を送ったこと。思いがけず巨額の科研費を頂戴して、研究意欲が戻ってきたこと。

優秀な学生に恵まれたこと。正統派エンジニアが手を出さない、大域的最適化と金融工学という周辺領域で大きな鉱脈を発見し、大小さまざまな宝石を発掘したこと。先輩教授の意向を無視して、経営システム工学科の教授になったこと。

日本初の金融工学研究施設である「理財工学研究センター」を設立したこと。定年延長が見送られたおかげで、独法化の大混乱を逃げ切ったこと。

研究科長を務めたおかげで、ヒラ教授より少しばかり多くの退職金を頂戴したこと。七〇歳まで中央大学理工学部の恵まれた環境で働くことが出来たこと、などなど。

また研究者を卒業した後も、〝工学部の語り部〟という仕事を見つけたのは、超ラッキーだった。空白の時間に苦しめられるヒラノ教授は、この仕事がなければ、早々とアチラ側の世界にトラバーユしていただろう。

もちろん不運なこともあった。東工大のオアシスと呼ばれた人文・社会学群が消滅したこと、白川教授の夭逝と理財工学研究センターの死、独立法人化に伴う（理工系）大学の疲弊と国際ステータスの低下などなど。

ヒラノ教授は日本の理工系大学が現下の苦境を乗り切って、日本の未来を拓くエンジンであり続けることを願って筆を擱くことにする。

シリーズ全巻をお読みくださった読者の中には、これまでの本と重複する記述が散見されることに、〝またあの話か〟と思われた方がおられるかもしれないが、シリーズ最後の本であることに免じてお許しいただければ幸甚である。

登場人物はすべて実在の人物である。名前については、鬼籍に入られた方は実名で、ご存命の方々については一部仮名を使わせていただいた。

最後になったが、八年間にわたって、工学部ヒラノ教授シリーズを支援してくださった読者諸氏、とりわけ竹山協三博士（中央大学名誉教授）と青土社の菱沼達也氏に深く感謝する次第である。

二〇一八年一二月

今野　浩

著者　今野浩（こんの・ひろし）

1940年生まれ。専門はORと金融工学。東京大学工学部卒業、スタンフォード大学OR学科博士課程修了。Ph.D., 工学博士。筑波大学助教授、東京工業大学教授、中央大学教授、日本OR学会会長を歴任。著書に『工学部ヒラノ教授』、『工学部ヒラノ教授の事件ファイル』、『工学部ヒラノ教授のアメリカ武者修行』（以上、新潮社）、『工学部ヒラノ助教授の敗戦』、『工学部ヒラノ教授と七人の天才』、『工学部ヒラノ名誉教授の告白』、『工学部ヒラノ教授の青春』、『工学部ヒラノ教授と昭和のスーパー・エンジニア』、『工学部ヒラノ教授の介護日誌』、『工学部ヒラノ教授とおもいでの弁当箱』、『工学部ヒラノ教授の中央大学奮戦記』、『工学部ヒラノ教授のはじまりの場所』、『工学部ヒラノ教授の終活大作戦』、『工学部ヒラノ教授の研究所わたりある記』（以上、青土社）、『ヒラノ教授の線形計画法物語』（岩波書店）など。

工学部ヒラノ教授のラストメッセージ

2019年1月30日　第1刷印刷
2019年2月15日　第1刷発行

著者——今野 浩

発行人——清水一人
発行所——青土社

〒101-0051　東京都千代田区神田神保町1-29　市瀬ビル
［電話］03-3291-9831（編集）　03-3294-7829（営業）
［振替］00190-7-192955

印刷・製本——シナノ印刷

装幀——クラフト・エヴィング商會

Printed in Japan
ISBN978-4-7917-7139-4　C0095